뇌졸중 환자와 보호자를 위한

언어치료 워크북

표현편

오선정 · 김운정 공저

학지사

'왜 이런 책은 없을까?'라는 의문으로 시작하여, '실질적으로 도움이 되는 언어치료 자료를 만들자.'라는 목표로 출간을 하게 되었습니다. 임상에서 환자 및 보호자를 만나며 재활 과정에 함께했고, 치료 이외의 시간에(혹은 가정에서) 꾸준한 학습을 통해 더 큰 회복의 효과를 기대할 수 있다는 것을 경험하였습니다. 그러나 환자와 보호자는 막상 '어떻게' 학습을 해야 할지 몰라 답답해하는 경우가 많았습니다. 이에 참고할 만한 지침서를 제시해 드리고 싶었으나 자료의 부족함을 느꼈습니다. 그리하여 '성인'을 대상으로 한 '언어재활' 전문 도서를 만들게 되었습니다.

치료를 받는 것처럼 체계적으로 단계를 구성하였고, 치료사의 노하우를 담아 환자에게 도움을 줄 수 있는 TIP을 꼼꼼히 적었습니다. 많은 수의 문제를 넣어 충분히 학습하고 반복할 수 있도록 하였습니다. 실생활에서 사용하는 표현과 다양한 상황을 넣어 실용적인 문제를 오랜 기간 동안 만들고 반복하여 검증하였습니다. 또한 '표현편'과 '이해편'으로 나누어 보다 전문적으로 학습할 수 있도록 하였습니다.

언어는 소통의 중요한 수단입니다. 의사소통이 원활하지 않으면 불편함이 생길 뿐만 아니라 고립감, 좌절감, 우울감이 생길 수 있습니다. 언어재활은 어려운 과정이지만, 꾸준한 관심과 노력을 통해 보다 나은 내일을 기대할 수 있습니다. 이 책이 언어장애로 고군분투하고 계실 환자 및 보호자분들께 희망이 되기를 기원합니다.

저자 **오선정 · 김운정**

"아직도 말하기 힘들어해요." "간혹 이상한 소리를 해요." "이젠 어떡하죠?" 뇌졸중을 앓고 실어증 증세가 생겼다가 퇴원한 후 외래를 방문한 환자의 보호자가 하는 말이다. 환자는 급성기 상태에서 입원하여 언어치료를 받았고, 이어 재활병원에서 한 달 더 언어치료를 받고 퇴원했다. 그동안 실어증 증세는 다소 좋아졌지만 여전히 불편한 증세가 남아 있었기 때문에 보호자들은 이제 무엇을 더 할 수 있는지 내게 묻고 있는 것이다.

뇌졸중을 전공하는 신경과 의사로서 이럴 때 참 곤란하다. 나는 외래 환자가 많기 때문에 한 회기에 적어도 50명은 봐야 한다. 그래서 환자 한 명당 3~4분밖에 시간을 내지 못한다. 어쩔 수 없이 보호자에게 "환자한테 말을 자주 거세요." "함께 TV를 보고 내용을 토론해 보세요." "가능하면 매일 책이나 신문을 읽고 30분 이상 토론하세요." 정도로 말해 드리는 게 고작이다. 물론 이렇게 말한다고 보호자들이 이런 노력을 할지, 환자의 증세가 좋아질 것인지 자신은 없다. 보호자의 문의는 진지했지만 나는 솔직히 그만큼 진지할 수가 없었음을 고백할 수밖에 없다.

이 책의 저자 김운정, 오선정은 바로 이런 환자와 보호자에게 꼭 필요한 워크북을 발간했다. 이는 환자와 보호자뿐만 아니라 실제로 나와 같은 문제로 고민하던 의사에게도 희소식이었다. /ㄱ/ 부터 /ㅎ/ 까지, /ㅏ/부터 /ㅣ/ 까지 우리나라의 수많은 아름다운 말과 표현을 종횡무진 사용하면서 듣기, 말하기, 기억하기, 이해하기 등 다양한 언어기능을 테스트하며 동시에 연습할 수 있도록 구성되어 있고 더불어 산수기능과 인지능력까지 향상시킬 수 있는 이 책은 흥미롭고 감탄스럽다. 그렇기 때문에 언어장애가 있는 환자에게 꼭 필요한 연습서임이 분명하다. 이뿐만 아니라 나이 드신 분도 언어능력과 인지능력의 유지 및 향상을 위해 혼자서 해 보시길 권한다.

내가 관찰한 바로, 병원에서 뇌 질환 환자를 담당하는 언어치료사는 늘 바쁘고 고단하다. 환자들이 말을 못 하고 못 알아듣는 것은 물론이고, 흔히 나이가 많고 인지장애도 가지고 있기 때문이다. 또한 무의지증이나 우울증이 있어 협조를 전혀 안 하는 경우도 있다. 따라서 뇌 질환에 의한 언어장애 환자들을 정확히 진단하고 평가하는 것은 정상인의 경우보다 몇 배나 더 힘든 노동이다. 그럼에도 저자들이 그 바쁜 시간을 쪼개어 언어장애 환자들에게 도움이 될 훌륭한 워크북을 만들어 낸 것은 환자에 대한 무한한 애정과 열정이 없었다면 불가능한 일이었을 것이다. 앞으로 많은 환자가 이 워크북 도구를 가지고 꾸준히 언어기능을 훈련하기를 추천한다. 이런 훈련을 통해 언어의 이해와 구사 능력이 향상될 미래의 환자들은 열정 어린 저자들에게 깊이 감사해야 할 것이다. 환자만큼이나 이런 책이 절실히 필요했던 나와 같은 신경과 의사는 벌써부터 감사와 응원의 박수를 보내는 바이다.

서울아산병원 신경과

교수 **김 종 성**

책 소개

이 책은 '친절한 언어치료 길잡이' 콘셉트로, 치료 외 시간 혹은 가정에서 보다 적극적인 언어재활을 할 수 있도록 돕기 위하여 제작하였습니다. 환자 및 보호자가 쉽게 활용할 수 있도록 다년간의 언어치료 경력을 바탕으로 다음과 같은 점을 고려하였습니다.

1. 치료 노하우 공개

문제를 푸는 방법과 단서 제시 방법, 문제 활용 방법, 문제 만드는 TIP 등을 구체적으로 제공합니다. 환자뿐만 아니라 보호자에게도 다양한 노하우를 전달하여 더욱 효과적인 언어재활을 할 수 있습니다.

2. 많은 문항 수

충분한 훈련을 할 수 있도록 가능한 한 많은 문항 수를 제공합니다.

3. 일상생활에서 주로 사용하는 표현으로 구성

성인이 일상생활에서 활용할 수 있는 실질적이고 실용적인 표현을 학습할 수 있습니다.

4. 다양한 표현으로 구성

최대한 중복되지 않는 표현들로 구성하여 다양한 표현을 학습할 수 있습니다.

5. 큰 글씨로 제작

시력이 저하되었거나 편측 무시가 있는 경우 작은 글씨를 보기 어려울 수 있으므로 큰 글씨로 제작하였습니다.

6. 각 활동 뒤에 정답 제시

문제의 답을 쉽고 빠르게 확인할 수 있습니다.

7. (가능한 한) 실물 사진 사용

인지 저하가 동반되었거나 시력이 저하된 경우 그림을 지각하는 것이 어려울 수 있으므로 가능한 한 실물 사진을 사용하였습니다.

8. 다양한 난이도

언어장애의 증상과 중증도는 범위와 정도가 다양하기 때문에 쉬운 단계부터 어려운 단계까지 모두 훈련할 수 있도록 제작하였습니다.

책 활용법

1. 용어정리

대상자: 언어장애가 있는 환자(문제를 푸는 사람)

보호자: 환자의 보호자(문제를 풀 때 도움을 줄 수 있는 사람)

보호자 TIP: 대상자가 문제를 풀 때 보호자가 도와줄 수 있는 방법

2. '표현편'은 말하기와 쓰기 모두 연습할 수 있습니다.

말로 표현해 보고, 쓰기로도 표현해 보세요.

3. 같은 문제도 여러 번 반복해서 풀어 보세요.

오늘 풀지 못한 문제를 내일은 풀 수도 있습니다. 알았던 단어가 생각나지 않을 수 있고, 생각나지 않았던 표현이 떠오를 수도 있습니다. 여러 번 반복 훈련을 통해 차곡차곡 실력을 쌓아 보세요.

4. 가능하다면 보호자와 함께 풀어 보세요.

보호자는 문제에 대한 이해를 도울 수 있고, 단계별 단서를 제시할 수 있습니다. 또 추가적으로 질문을 하거나 환자에게 맞춤 질문을 함으로써 표현력을 확장시킬 수 있습니다.

1. 표현할 수 있는 기회를 많이 주세요.

언어는 의사소통을 위한 수단입니다. 스스로 말을 하려고 하는 의지와 말을 해야 하는 상황(기회)이 많을수록 언어재활에 도움이 됩니다.

2. 충분히 기다려 주세요.

묻는 말에 반응을 하기까지 시간이 걸릴 수 있습니다. 또는 올바른 답을 하지 않을 수 있습니다. 시간이 걸려도, 올바른 답이 나오지 않더라도 최대한 스스로 표현할 수 있도록 기다려 주세요.

3. 단계별 단서를 주세요.

정답을 알려 주기 전에 단계별 단서를 주세요. 자세한 내용은 본문의 [보호자 TIP]을 참고하세요.

4. 다양한 의사소통 방법을 활용해 보세요.

구어적(말) 의사소통만이 표현 방법은 아닙니다. 손으로 가리키기, 제스처(몸짓), 표정, 쓰기 등 다양한 방법으로 표현할 수 있도록 도와주세요.

5. 많이 격려해 주세요.

어려운 시간을 보내고 있을 환자가 적극적으로 언어재활에 참여할 수 있도록 많이 격려해 주세요.

차례

제3장 자동구어 59

제4장 이름대기 67

제5장 단어 인출 93

제10장 생각 말하기 315

제1장

보완대체의사소통

1. 예/아니요
2. 기초 의사표현
3. 신체부위
4. 다양한 감정 · 상태 표현

보완대체의사소통(Augmentative and Alternative Communication: AAC)이란?

말이나 글로 자신의 생각을 표현을 할 수 없을 때 활용할 수 있는 의사소통 방법입니다. 말(구어) 외에 다른 방법(손짓, 제스처, 표정 등)을 활용할 수 있습니다.

1. 예/아니요

예/아니요를 말로 표현하기 어려운 경우, 손가락으로 ○/×를 가리키도록 해 보세요. 다양한 질문과 함께 활용할 수 있어요.

예 보호자: 지금 배가 고파요?

→ 대상자: (○ 또는 ×를 가리킨다)

2. 기초 의사표현

현재 상태나 필요한 것을 말로 표현하기 어려운 경우, 손가락으로 해당 그림을 가리키도록 해 보세요.

아파

밥

물

화장실

싫어

좋아

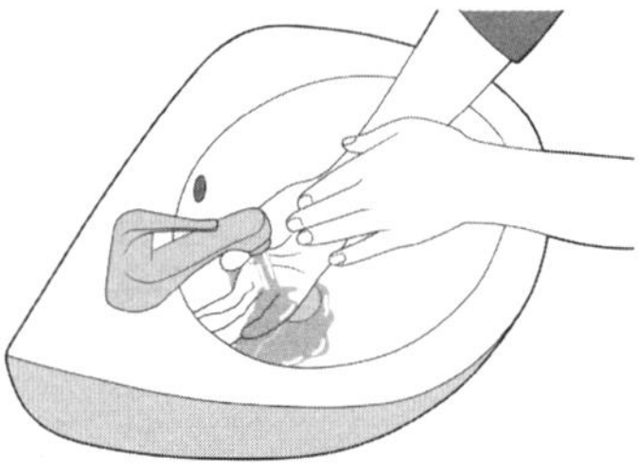
씻어

추워

더워

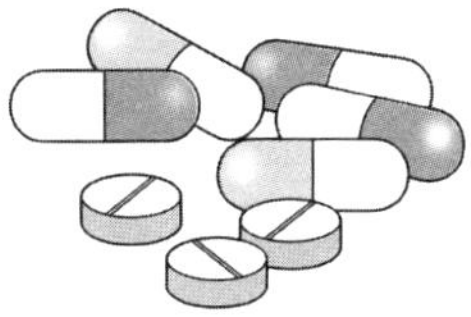

약

전화

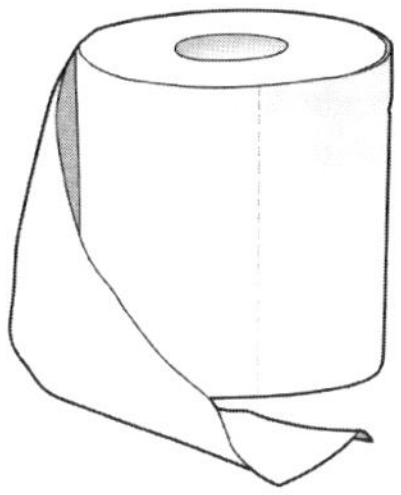

휴지

주사

간식

시계 · 달력

TV

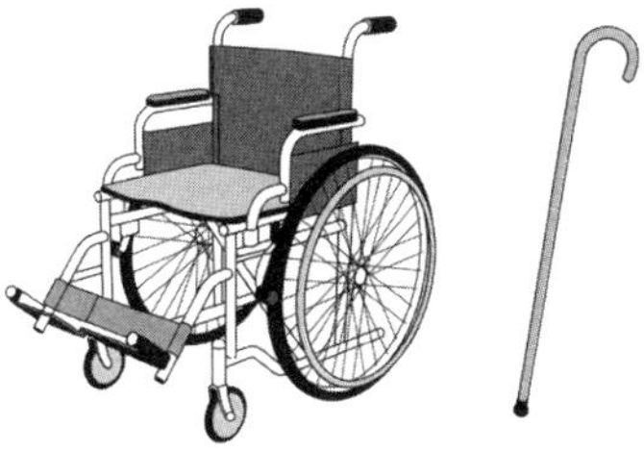

휠체어 · 지팡이

연필 · 공책

간호사

열

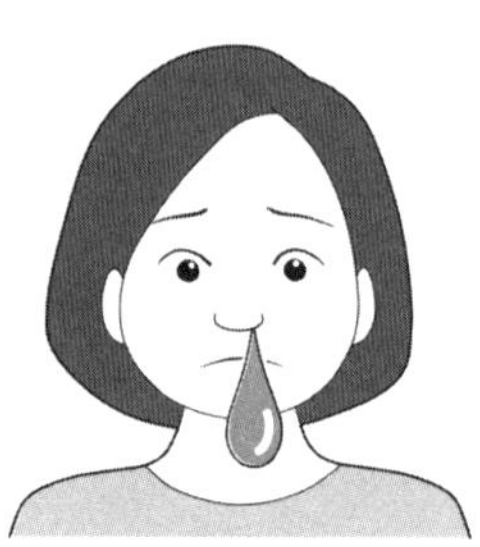

콧물

기침

변비/설사

통증

어지러움

가려움

잠이 안 와

3. 신체부위

현재 아프거나 불편한 신체부위를 말로 표현하기 어려운 경우, 손가락으로 해당 부위를 가리키도록 해 보세요.

얼굴

신체(앞모습)

신체(뒷모습)

4. 다양한 감정 · 상태 표현

보다 구체적인 감정 상태를 손가락으로 가리켜 표현해 보세요.

긍정적인 표현

좋다	기쁘다	즐겁다 · 재미있다
웃기다	행복하다	감사하다 · 고맙다
신나다 · 설레다	기대하다	편안하다
상쾌하다 · 개운하다	안심하다	홀가분하다
뿌듯하다 · 흐뭇하다	만족하다	당당하다
다행이다	든든하다	자랑스럽다

부정적인 표현

싫다 · 나쁘다	슬프다 · 서럽다	지루하다 · 재미없다
화나다 · 괴롭다	불행하다 · 속상하다	미안하다
무기력하다 · 귀찮다	무섭다 · 힘들다	불편하다
찝찝하다 · 언짢다	불안하다	답답하다
부끄럽다 · 당황스럽다	불만족하다	억울하다
심난하다	외롭다 · 긴장하다	후회하다

제2장

지남력 & 기억력

1. 시간 · 장소 · 사람
2. 계산하기

지남력이란?

지남력은 자신이 현재 놓여있는 상황을 기준으로 시간, 장소, 사람 등을 구분할 수 있는 능력입니다. 현실감각능력이라고도 하며, 관련된 활동을 통해 인지기능을 향상시킵니다.

1. 시간 · 장소 · 사람

문장을 듣고(보고) 질문에 대답해 보세요.

보호자 TIP

보호자는 대상자에게 다음과 같은 도움을 줄 수 있어요.

1. 사진, 그림, 글자, 숫자 등 시각적 자료를 활용해 보세요.

예 날짜를 말할 때에는 달력을, 가족 이름을 말할 때에는 사진을 제시해 보세요.

2. 정답을 맞히지 못한다면, 첫 글자 단서를 제시해 보세요.

예 현재 장소가 병원이라면, '여기는 어디인가요?'라는 질문에 '병'이라고 첫 글자를 알려 주세요.

1. 이름이 무엇인가요?

2 가족은 누구누구 있나요?

3 여기가 어디인가요? (현재 장소)

4 집 주소가 무엇인가요?

5 현재 있는 곳은 몇 층인가요?

6 병실은 몇 호실인가요?

7 지금은 무슨 계절인가요?

8 지금은 낮인가요? 밤인가요?

9 지금은 오전인가요? 오후인가요?

10 올해는 몇 년도인가요?

11 지금은 몇 월인가요?

12 오늘은 며칠인가요?

13 오늘은 무슨 요일인가요?

14 오늘 날짜를 년도, 월, 일, 요일 순으로 말해주세요.

15 아침/점심/저녁에 먹은 반찬은 무엇인가요?

2. 계산하기

문장을 듣고(보고) 질문에 대답해 보세요. 문제를 듣고 푸는 것이 어렵다면 눈으로 보고(필요 시 필기를 하며) 풀어 보세요.

보호자 TIP

보호자는 대상자에게 다음과 같은 도움을 줄 수 있어요.

1. 제시된 문제를 변형하여 다양한 문제를 만들어 보세요.
2. 또는 일상생활에서 자주하거나 익숙한 활동을 넣어 문제를 만들어 보세요.

돈 계산

1. 천 원짜리 두 장은 얼마인가요?

2. 오천 원짜리 두 장은 얼마인가요?

3. 오만 원은 만 원짜리 몇 장인가요?

4 백 원짜리 동전이 열세 개가 모이면 얼마인가요?

5 오백 원짜리 동전 세 개는 얼마인가요?

6 바나나는 3,500원입니다. 5,000원을 냈습니다.

→ 거스름돈은 얼마인가요?

7 세 명이 만 원씩 내기로 했습니다.

→ 얼마가 모이나요?

8 9,000원인 머리핀이 반값 할인을 합니다.

→ 얼마인가요?

9 개당 6,500원인 물건을 두 개 샀습니다.

→ 총 얼마인가요?

10 하루에 만 원씩 모읍니다.

→ 일주일이면 얼마가 모이나요?

11 매월 십만 원씩 저금합니다.

→ 일 년이면 얼마가 모이나요?

12 붕어빵이 3개에 1,000원입니다.

→ 붕어빵 9개는 얼마인가요?

13 자장면은 5,500원, 짬뽕은 6,500원입니다.

→ 총 얼마인가요?

⑭ 병원비로 8,400원이 나왔습니다. 10,000원을 냈습니다.

→ 거스름돈은 얼마인가요?

⑮ A 약국은 약값이 3,200원입니다. B 약국은 약값이 5,000원입니다.

→ 두 약국의 약값은 얼마가 차이나나요?

⑯ 9,000원이던 영양제의 가격이 1,200원 인상되었습니다.

→ 영양제는 얼마인가요?

⑰ 필요한 물건을 사고 43,000원이 나왔습니다. 5,000원 할인 쿠폰을 씁니다.

→ 지불해야 할 금액은 얼마인가요?

18 식당에서 제육볶음, 김치찌개, 계란말이를 주문했습니다. 각각 9,000원이었습니다.

→ 총 얼마인가요?

19 잔돈을 모아보니 오백 원짜리 네 개, 백 원짜리 여섯 개입니다.

→ 총 얼마인가요?

20 지갑에 오천 원짜리 한 장, 천 원짜리 열한 장이 있습니다.

→ 총 얼마인가요?

시간 계산

1 버스가 3분 후 도착 예정입니다.

→ 몇 분 후에 버스가 오나요?

2 7시에 일어나서 20분 동안 세수와 양치를 합니다.

→ 다 하면 몇 시인가요?

3 약속 시간은 10시입니다. 25분이 지났습니다.

→ 지금은 몇 시인가요?

4 7시가 되기 30분 전입니다.

→ 지금은 몇 시인가요?

5 정오 뉴스가 시작하기 5분 전입니다.

→ 지금은 몇 시인가요?

6 두 시간 후면 새해가 됩니다.

→ 지금은 몇 시인가요?

7 자정에서 한 시간이 지났습니다.

➡ 지금은 몇 시인가요?

8 병원에서 물리치료 30분, 작업치료 20분을 받았습니다.

➡ 총 몇 분 치료를 받았나요?

9 오후 5시가 되기 35분 전입니다.

➡ 지금은 몇 시인가요?

10 스포츠 경기 중계로 9시 뉴스가 1시간 10분 미뤄졌습니다.

➡ 뉴스는 몇 시에 시작하나요?

11 버스가 6시에 출발하여 90분 동안 운행합니다.

➡ 버스가 종점에 도착하는 시간은 몇 시인가요?

⑫ 8시 30분에 운동을 시작해서 9시 10분에 마쳤습니다.

→ 몇 분 동안 운동을 했나요?

⑬ 지금은 1시 10분입니다. 2시간 40분 후에 목적지에 도착합니다.

→ 몇 시에 도착하나요?

⑭ 지금은 오전 11시 45분입니다. 20분 후에 점심을 먹습니다.

→ 몇 시에 점심을 먹나요?

⑮ 7시10분에 음식을 주문했습니다. 7시 55분이 되었는데도 배달이 오지 않습니다.

→ 몇 분 동안 기다렸나요?

⑯ 10시까지 병원에 가야 합니다. 집에서 병원까지 45분이 걸립니다.

→ 몇 시에 출발해야 하나요?

17 건강검진 예약 시간은 9시 20분입니다. 30분 일찍 도착했습니다.

→ 병원에 몇 시에 도착했나요?

18 지금은 12시 40분입니다. 35분 동안 청소를 합니다.

→ 다 하면 몇 시가 될까요?

19 8시에 집에서 출발해야 합니다. 1시간 10분 동안 준비를 합니다.

→ 몇 시에 일어나야 하나요?

20 6시 20분에 영화가 시작합니다. 상영시간은 90분입니다.

→ 영화는 몇 시에 끝나나요?

숫자 계산

1 귀는 몇 개인가요?

2 안경알은 몇 개인가요?

3 발가락은 모두 몇 개인가요?

4 돼지의 다리는 몇 개인가요?

5 삼각형은 꼭짓점이 몇 개인가요?

6 지하철이 다섯 정거장 전에 있습니다.

→ 지하철은 몇 정거장 전에 있나요?

7 지금은 24.5도입니다. 에어컨 온도를 2도 내렸습니다.

→ 몇 도가 될까요?

8 열 개에서 네 개가 모자랍니다.

→ 몇 개인가요?

9 한 개만 더 모으면 열 개가 됩니다.

→ 몇 개인가요?

10 세 개만 더 모으면 열일곱 개가 됩니다.

→ 몇 개인가요?

11 오늘은 9월 9일이 되기 이틀 전입니다.

→ 오늘은 몇 월 며칠인가요?

⑫ 6월 마지막 날이 생일입니다.

→ 생일은 몇 월 며칠인가요?

⑬ 가로 7cm, 세로 17cm입니다.

→ 가로 세로의 합은 얼마인가요?

⑭ 30부작 주말 연속극을 4회 축소하기로 하였습니다.

→ 연속극은 총 몇 회 방영되나요?

⑮ 회사 팀원은 20명입니다. 이 중 10%만 연수 기회가 주어집니다.

→ 몇 명이 연수를 가게 되나요?

⑯ 26일까지 열릴 예정이던 행사가 이틀 더 연장하기로 했습니다.

→ 행사의 마지막 날은 며칠인가요?

17 나와 동생은 같은 띠입니다. 나는 스무 살입니다.

→ 동생은 몇 살인가요?

18 오늘은 12월 15일입니다. 일주일 후 회사 송년회가 있습니다.

→ 송년회는 몇 월 며칠인가요?

19 100명 중 43명을 제외하고 나머지 인원에게 혜택이 주어집니다.

→ 몇 명에게 혜택이 주어지나요?

20 어제는 5.7km를 달렸습니다. 오늘은 어제보다 1.6km을 더 달렸습니다.

→ 오늘은 몇 km를 달렸나요?

일상생활

1 광역버스는 빨간색입니다.

➡ 광역버스는 무슨 색인가요?

2 화장실은 복도 끝 오른쪽에 있습니다.

➡ 화장실은 어느 쪽에 있나요?

3 네모 모양의 시계를 샀습니다.

➡ 시계는 무슨 모양인가요?

4 아들은 딸기를, 아내는 복숭아를 좋아합니다.

➡ 아들은 무엇을 좋아하나요?

5 배추를 산 후 상추를 샀습니다.

➡ 무엇을 먼저 샀나요?

6 한라산은 설악산보다 높습니다.

➡ 어느 산이 더 높은가요?

7 일요일 전날 신혼여행을 떠납니다.

➡ 무슨 요일에 떠나나요?

8 이틀 후면 목요일입니다.

➡ 오늘은 무슨 요일인가요?

9 대형마트는 첫째, 셋째 주에 문을 닫습니다.

➡ 몇 째 주에 마트에 가야 하나요?

10 22번 버스를 타고 시청에서 내린 후 7번 버스로 환승했습니다.

➡ 어디에서 환승했나요?

11 친구와 공원에서 만나기로 했다가 서점으로 약속 장소를 변경했습니다.

→ 처음 약속 장소는 어디였나요?

12 지하철 2호선은 초록색, 3호선은 주황색입니다.

→ 초록색은 몇 호선인가요?

13 여수로 가는 직행버스가 없어서 광주터미널에서 환승하기로 했습니다.

→ 최종 목적지는 어디인가요?

14 월, 수, 금은 요가를 하고 화, 목은 헬스를 합니다.

→ 수요일에는 무엇을 하나요?

15 천안에서 흥타령 축제가 열리고, 함평에서 나비 축제가 열립니다.

→ 천안에서 무슨 축제가 열리나요?

16 어제 저녁에 김치찌개를 먹고 오늘 아침에는 두부조림과 시금치를 먹었습니다.

→ 어제 저녁에 무엇을 먹었나요?

17 4월 14일은 아내 생일이고, 9월 6일은 딸 생일입니다.

→ 아내 생일은 몇 월 며칠인가요?

18 3시에는 은행, 4시에는 약속, 5시에는 운동을 가야합니다.

→ 약속 시간 전에 어디를 가야하나요?

19 고등어와 배추는 할인 품목이고, 소고기는 제외입니다.

→ 할인 품목은 무엇인가요?

20 7017번 버스는 은평구에서 출발하여 서대문구를 거쳐 종로구까지 운행합니다.

→ 버스는 어디에서 출발하나요?

음소 · 음절

1. 종이, 책, 콩 중 글자 수가 다른 단어는 무엇인가요?

2. 그릇, 주머니, 기차 중 글자 수가 다른 단어는 무엇인가요?

3. 건전지, 지붕, 손가락 중 글자 수가 다른 단어는 무엇인가요?

4. 설렁탕, 부대찌개, 해장국 중 글자 수가 다른 단어는 무엇인가요?

5. 사랑, 수영, 사슴 중 앞 글자가 다른 단어는 무엇인가요?

6. 우체국, 우정, 유리 중 앞 글자가 다른 단어는 무엇인가요?

7. 구두, 구슬, 거미줄 중 앞 글자가 다른 단어는 무엇인가요?

8. 파도, 바람, 바다 중 앞 글자가 다른 단어는 무엇인가요?

9. 봉투, 기타, 낙타 중 마지막 글자가 다른 단어는 무엇인가요?

10. 멸치, 낚시, 눈치 중 마지막 글자가 다른 단어는 무엇인가요?

11. 장수, 장구, 당구 중 마지막 글자가 다른 단어는 무엇인가요?

12. 출발, 오른발, 반말 중 마지막 글자가 다른 단어는 무엇인가요?

13 개나리, 민들레, 소나무 중 가운데 글자가 다른 단어는 무엇인가요?

14 동화책, 피아노, 송아지 중 가운데 글자가 다른 단어는 무엇인가요?

15 주전자, 우주선, 자전거 중 가운데 글자가 다른 단어는 무엇인가요?

16 고구마, 바구니, 바가지 중 가운데 글자가 다른 단어는 무엇인가요?

17 발, 봄, 뱀 중 받침이 다른 단어는 무엇인가요?

18 총, 빵, 입 중 받침이 다른 단어는 무엇인가요?

19 산, 약, 눈 중 받침이 다른 단어는 무엇인가요?

20 밥, 물, 별 중 받침이 다른 단어는 무엇인가요?

범주

1 점심에 고사리와 불고기를 먹었습니다.

→ 무슨 나물을 먹었나요?

2 마트에서 참외와 샴푸를 샀습니다.

→ 무슨 과일을 샀나요?

3 선물로 컵과 목걸이 중 무엇을 살지 고민입니다.

→ 액세서리는 무엇인가요?

4 백화점에서 티셔츠와 이불을 샀습니다.

➡ 의류는 무엇을 샀나요?

5 딸기, 체리, 귤 중 색깔이 다른 하나는 무엇인가요?

6 바나나, 레몬, 수박 중 색깔이 다른 하나는 무엇인가요?

7 풀, 자, 테이프 중 기능이 다른 하나는 무엇인가요?

8 할머니, 아가씨, 아저씨 중 성별이 다른 하나는 무엇인가요?

9 돼지, 타조, 사슴 중 다리 개수가 다른 하나는 무엇인가요?

10 비둘기, 호랑이, 염소 중 포유류가 아닌 것은 무엇인가요?

11 해파리, 잠자리, 사마귀 중 곤충이 아닌 것은 무엇인가요?

12 오토바이, 버스, 택시 중 바퀴 개수가 다른 하나는 무엇인가요?

13 마늘, 라면, 양파 중 다른 하나는 무엇인가요?

14 코, 달, 귀 중 다른 하나는 무엇인가요?

15 서랍, 오븐, 믹서 중 다른 하나는 무엇인가요?

16 감자, 가지, 조개 중 다른 하나는 무엇인가요?

17 꽃게, 가재, 갈치 중 다른 하나는 무엇인가요?

18 태권도, 경기도, 충청도 중 다른 하나는 무엇인가요?

19 경부선, 편도선, 호남선 중 다른 하나는 무엇인가요?

20 동해안, 서해안, 한동안 중 다른 하나는 무엇인가요?

계산하기 [정답]

◆ 돈 계산 pp. 33~37

1. 2,000원
2. 10,000원
3. 5장
4. 1,300원
5. 1,500원
6. 1,500원
7. 30,000원
8. 4,500원
9. 13,000원
10. 70,000원
11. 120만원
12. 3,000원
13. 12,000원
14. 1,600원
15. 1,800원
16. 10,200원
17. 38,000원
18. 27,000원
19. 2,600원
20. 16,000원

◆ 시간 계산 pp. 37~41

1. 3분
2. 7시 20분
3. 10시 25분
4. 6시 30분
5. 오전 11시 55분
6. 오후 10시
7. 새벽 1시
8. 50분
9. 4시 25분
10. 10시 10분
11. 7시 30분
12. 40분
13. 3시 50분
14. 오후 12시 5분
15. 45분
16. 9시 15분
17. 8시 50분
18. 1시 15분
19. 6시 50분
20. 7시 50분

◆ 숫자 계산 pp. 42~45

1. 2개
2. 2개
3. 10개
4. 4개
5. 3개
6. 다섯 정거장
7. 22.5도
8. 6개
9. 9개
10. 14개
11. 9월 7일
12. 6월 30일
13. 24cm
14. 26회
15. 2명

⑯ 28일

⑰ 8살

⑱ 12월 22일

⑲ 57명

⑳ 7.3km

◆ 일상생활 pp. 46~49

① 빨간색

② 오른쪽

③ 네모

④ 딸기

⑤ 배추

⑥ 한라산

⑦ 토요일

⑧ 화요일

⑨ 둘째, 넷째, (다섯째)

⑩ 시청

⑪ 공원

⑫ 2호선

⑬ 여수

⑭ 요가

⑮ 홍타령 축제

⑯ 김치찌개

⑰ 4월 14일

⑱ 은행

⑲ 고등어, 배추

⑳ 은평구

◆ 음소 · 음절 pp. 50~53

① 종이

② 주머니

③ 지붕

④ 부대찌개

⑤ 수영

⑥ 유리

⑦ 거미줄

⑧ 파도

⑨ 봉투

⑩ 낚시

⑪ 장수

⑫ 반말

⑬ 민들레

⑭ 동화책

⑮ 우주선

⑯ 바가지

⑰ 발

⑱ 입

⑲ 약

⑳ 밥

◆ 범주 pp. 53~56

① 고사리

② 참외

③ 목걸이

④ 티셔츠

⑤ 귤

⑥ 수박

⑦ 자

⑧ 아저씨

⑨ 타조

⑩ 비둘기

⑪ 해파리

⑫ 오토바이

⑬ 라면

⑭ 달

⑮ 서랍

⑯ 조개

⑰ 갈치

⑱ 태권도

⑲ 편도선

⑳ 한동안

제3장

자동구어

1. 숫자
2. 요일 · 계절
3. 기타
4. 노래

자동구어란?

자동구어란 불수의적으로 나오는 말입니다. 즉, 의식(지각)하여 조절해서 나오는 말이 아닌, 큰 노력 없이 저절로 나오는 말입니다.

보호자 TIP

보호자는 대상자에게 다음과 같은 도움을 줄 수 있어요.

1. **대상자가 시작을 못 할 경우, 첫 단어를 제시해 보세요.**
   예 계절의 경우, '봄' 제시

2. **그래도 못 한다면, 손가락을 하나씩 접으면서 함께 말해 보세요.**

3. **쓰기가 가능하다면, 쓰면서 말하도록 지도해 보세요.**

4. **구어 보속증으로 인해서 같은 말을 반복할 수도 있어요. 이런 경우에는 입모양과 함께 정확히 알려주고 다시 말하도록 지도해 보세요.**

구어 보속증이란?

올바른 표현 대신 이전에 했던 표현을 반복하는 증상입니다.

1. 숫자

숫자를 세어 보세요.

1 2 3 4 5 6 7 8 9 10

일 이 삼 사 오 육 칠 팔 구 십

하나 둘 셋 넷 다섯 여섯 일곱 여덟 아홉 열

- 달력의 날짜를 보며 10 이상의 수도 세어 보세요.

2. 요일 · 계절

요일 · 계절을 말해 보세요.

월 화 수 목 금 토 일

봄 여름 가을 겨울

- 달력을 보면서 요일을 말해 보세요. '오늘 날짜 말하기' 활동을 함께 해도 좋아요.
- 계절은 각 계절의 특징이 잘 드러나는 사진을 보며 말해 보세요.

3. 기타

한글 자음 · 음계 · 십이지간을 말해 보세요.

가 나 다 라 마 바 사 아 자 차 카 타 파 하

도 레 미 파 솔 라 시 도

자 축 인 묘 진 사 오 미 신 유 술 해

4. 노래

제목을 듣고 노래를 불러 보세요.

- 스스로 부르기 어렵다면 노래를 틀어 놓고 같이 불러 보거나, 보호자와 함께 불러 보세요.
- 평소에 즐겨 부르거나 좋아하는 노래도 불러 보세요. 가사를 잘 외우고 있는 노래일수록 쉽게 할 수 있어요.

아리랑

아리랑 아리랑 아라리요 아리랑 고개로 넘어간다
나를 버리고 가시는 임은 십 리도 못 가서 발병 난다

애국가

동해물과 백두산이 마르고 닳도록

하느님이 보우하사 우리나라 만세

무궁화 삼천리 화려강산

대한 사람 대한으로 길이 보전하세

산토끼

산토끼 토끼야 어디로 가느냐

깡총깡총 뛰면서 어디를 가느냐

나비야

나비야 나비야

이리 날아 오너라

노랑나비 흰나비

춤을 추며 오너라

봄바람에 꽃잎도

방긋방긋 웃으며

참새도 짹짹짹

노래하며 춤춘다

학교종

학교종이 땡땡땡 어서 모이자
선생님이 우리를 기다리신다

작은 별

반짝반짝 작은 별 아름답게 비치네
동쪽 하늘에서도 서쪽 하늘에서도
반짝반짝 작은 별 아름답게 비치네

고향의 봄

나의 살던 고향은 꽃 피는 산골 복숭아꽃 살구꽃
아기 진달래 울긋불긋 꽃 대궐 차린 동네
그 속에서 놀던 때가 그립습니다

섬집 아기

엄마가 섬 그늘에 굴 따러 가면
아기가 혼자 남아 집을 보다가
바다가 불러 주는 자장노래에
팔 베고 스르르르 잠이 듭니다

과수원길

동구 밖 과수원길 아카시아꽃이 활짝 폈네
하얀 꽃 이파리 눈송이처럼 날리네
향긋한 꽃 냄새가 실바람 타고 솔솔
둘이서 말이 없네 얼굴 마주 보면 생긋
아카시아꽃 하얗게 핀 먼 옛날의 과수원길

제4장

이름대기

1. 신체부위 이름대기
2. 범주별 사물 이름대기
3. 직업 이름대기
4. 장소 이름대기

1. 신체부위 이름대기

다음 신체부위의 이름을 말해 보세요.

▶ 정답은 제1장 3. 신체부위(pp. 21~23)를 참고하세요.

보호자 TIP

보호자는 대상자에게 다음과 같은 도움을 줄 수 있어요.

1. 정답을 맞히지 못한다면, 단계별 단서를 하나씩 제시해 보세요.

   단서 1 해당 신체부위의 기능 또는 특징

   단서 2 글자 수

   단서 3 첫 글자(또는 첫 자음)

   단서 3까지 제시했을 때에도 맞히지 못한다면, 정답을 알려 주세요. 그리고 반복하여 익힐 수 있도록 지도해 주세요.

   예 그림에서 코를 짚으며,

   보호자: 이것은 무엇인가요?

   맞히지 못할 경우 단서 1 냄새를 맡고 숨을 쉬어요.

   맞히지 못할 경우 단서 2 한 글자예요.

   맞히지 못할 경우 단서 3 / ㅋ(키읔)/으로 시작해요.

   맞히지 못할 경우, '코'에요. 따라해 보세요.

2. 보호자가 직접 신체부위를 가리키면서 그 부위의 이름을 묻고 답하도록 지도해 보세요.

   예 보호자: (자신의 눈을 가리키며) 이것은 무엇인가요?

   대상자: 눈

   보호자: (자신의 코를 가리키며) 이것은 무엇인가요?

   대상자: 코

3. 추가적으로 각 신체부위의 기능 또는 특징을 설명하도록 질문할 수 있어요.

   예 보호자: 입은 어떤 일을 하나요?

   대상자: 밥을 먹거나 말을 해요.

얼굴

신체(앞모습)

신체(뒷모습)

2. 범주별 사물 이름대기

그림을 보고 사물의 이름을 말해 보세요.

보호자 TIP

보호자는 대상자에게 다음과 같은 도움을 줄 수 있어요.

1. 정답을 맞히지 못한다면, 단계별 단서를 하나씩 제시해 보세요.

   [단서 1] 사물의 기능 또는 사용방법

   [단서 2] 글자 수

   [단서 3] 첫 글자(또는 첫 자음)

   단서 3까지 제시했을 때에도 맞히지 못한다면, 정답을 알려 주세요. 그리고 반복하여 익힐 수 있도록 지도해 주세요.

   예 빨대 그림을 보여 주며,

   보호자: 이것은 무엇인가요?

   맞히지 못할 경우 [단서 1] 물이나 음료를 빨아 먹을 때 사용하는 것이에요.

   맞히지 못할 경우 [단서 2] 두 글자예요.

   맞히지 못할 경우 [단서 3] '빨'로 시작해요.

   맞히지 못할 경우, '빨대'예요. 따라해 보세요.

2. 제시된 사진 외에 실제 사물이나 다른 그림카드를 활용해 보세요.

3. 함께 외출이 가능하다면, 마트 등에 방문하여 여러 가지 코너(식료품, 주방용품, 청소용품, 자동차용품, 가전·가구 등)를 둘러보며 이름대기 활동을 할 수 있어요.

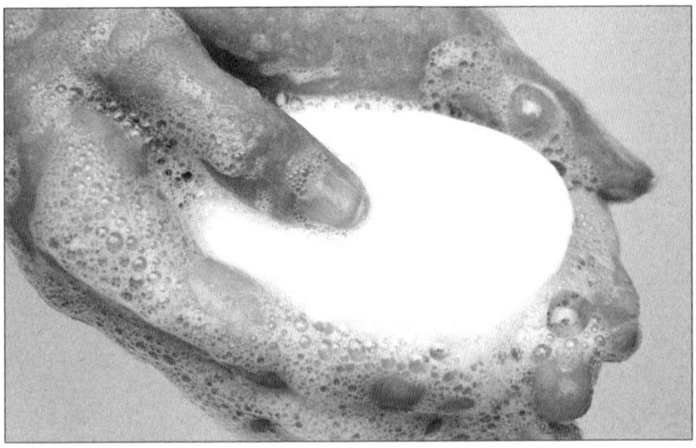

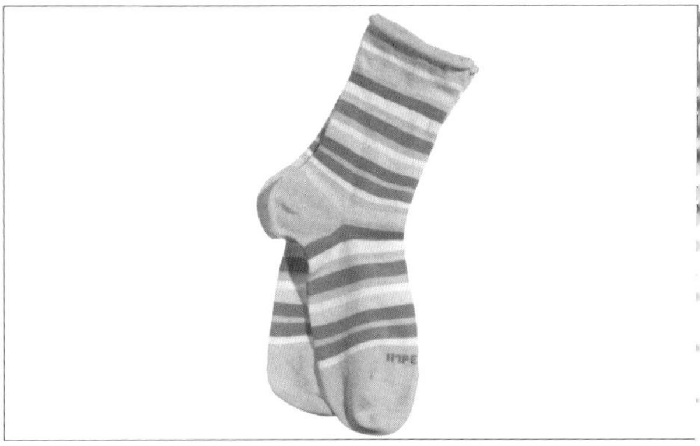

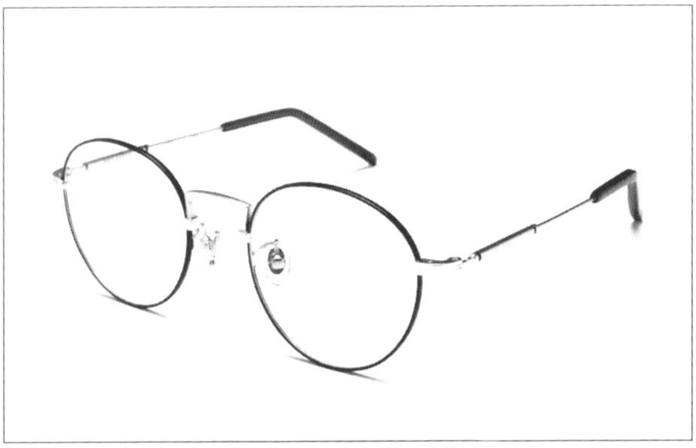

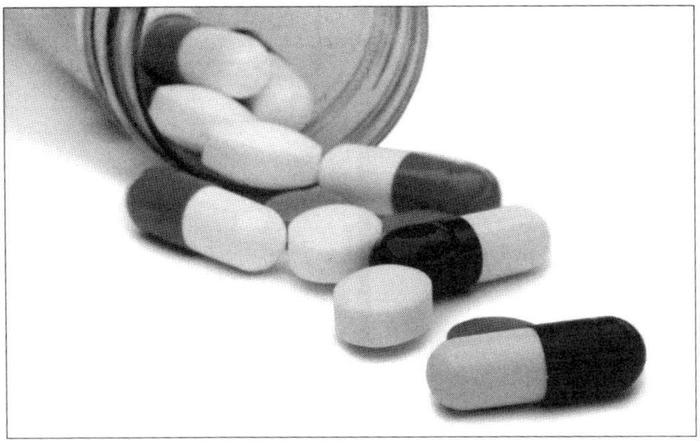

14:52

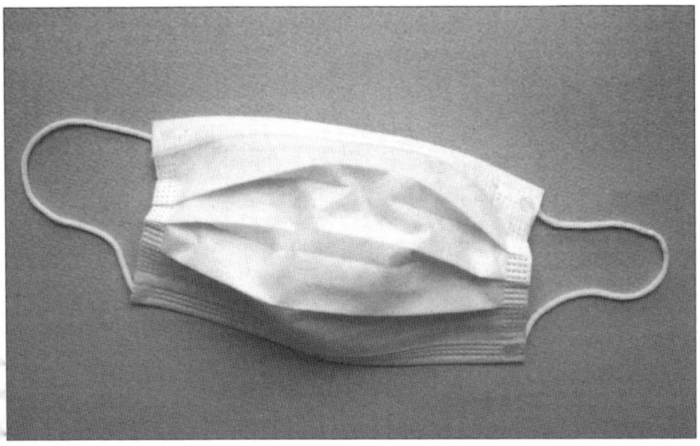

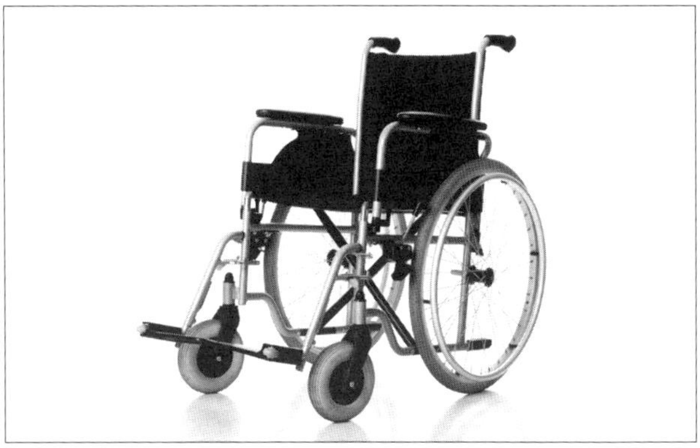

AUGUST
MO TU WE TH FR SA SU
1 2
3 4 5 6 7 8 9
10 11 12 13 14 15 16
17 18 19 20 21 22 23
24/31 25 26 27 28 29 30

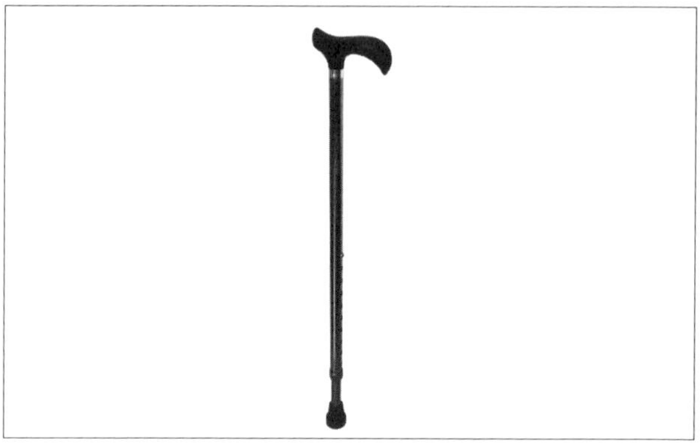

10000
HD 0339100 L
HD 0339085 L

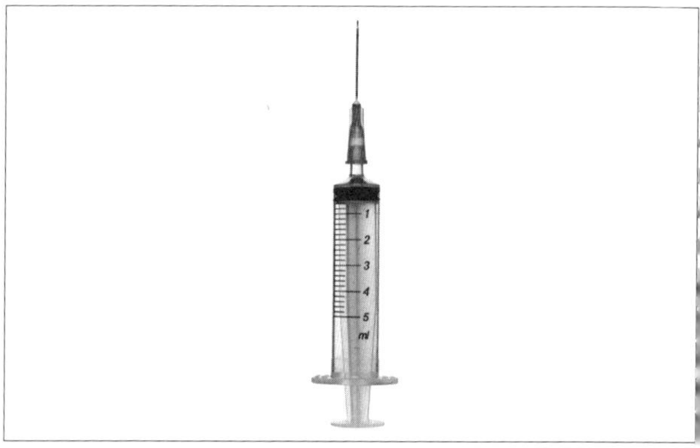
1
2
3
4
5
ml

CREDIT CARD
4275 3156 0372 5493
4524
VALID THRU 01/19
FIRSTNAME LASTNAME

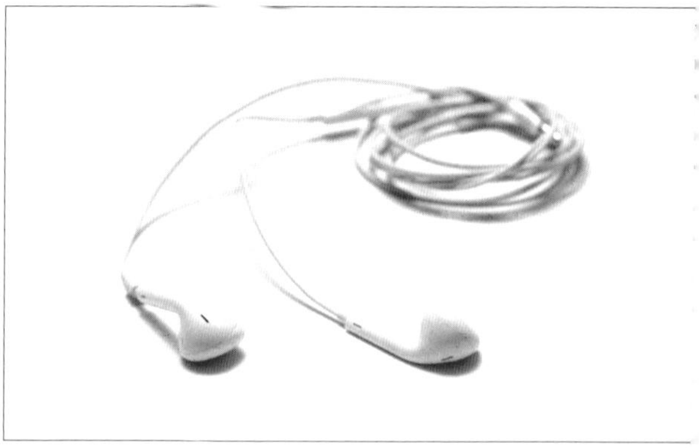

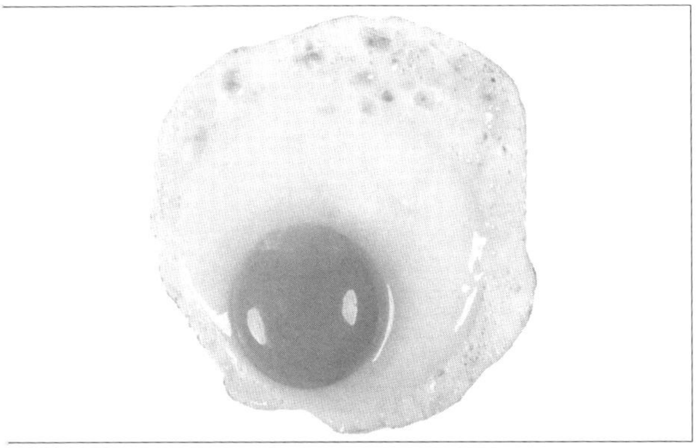

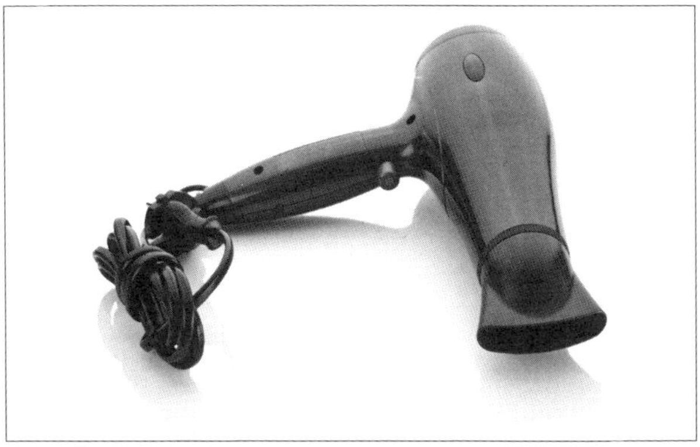

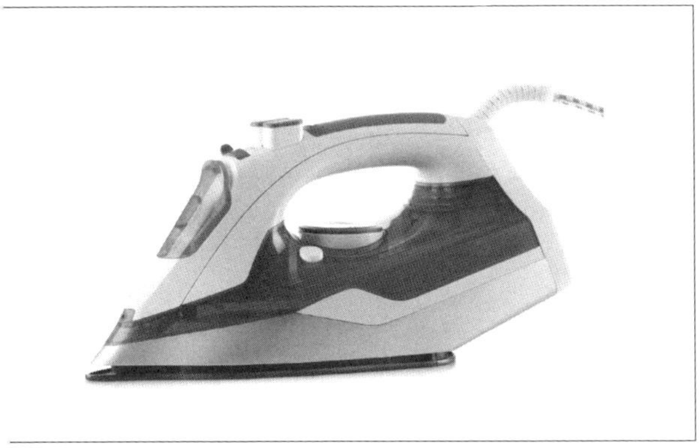

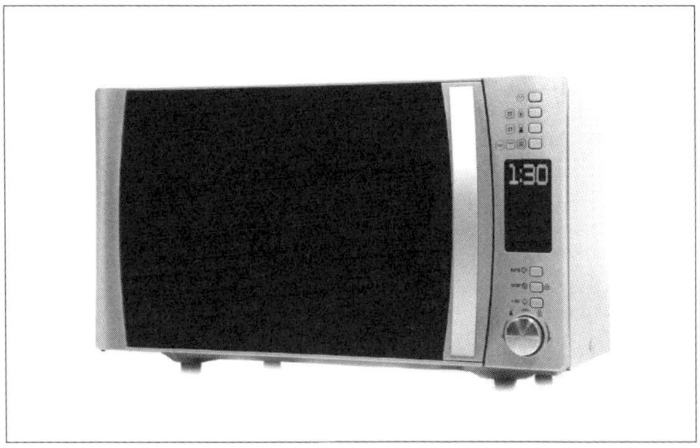
1:30

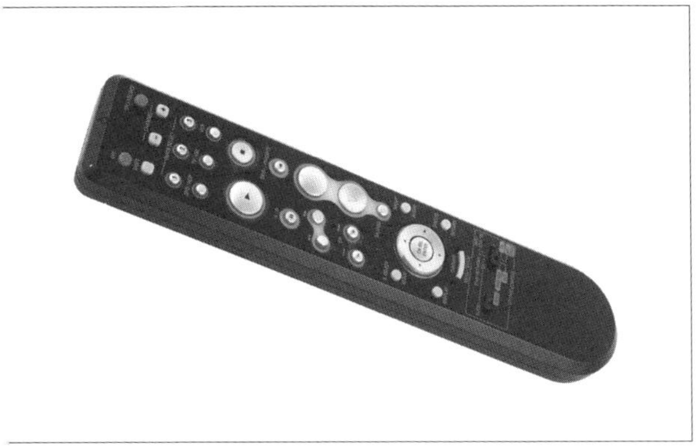

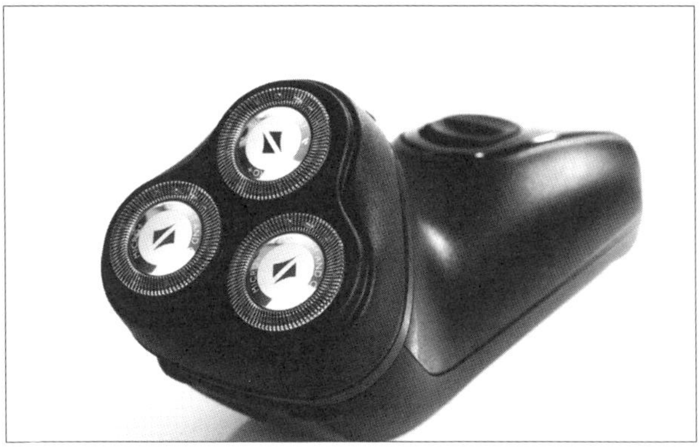

범주별 사물 이름대기 [정답]

◆ 생활용품

p. 74

비누	휴지 (화장지)
칫솔	양말
안경	시계
침대	신발

p. 75

약	휴대폰
마스크	휠체어
수건	달력
의자	볼펜

p. 76

거울	지팡이
돈	자동차
쓰레기통 (휴지통)	주사기
카드	이어폰

◆ 과일 · 야채

p. 77

사과	옥수수
마늘	포도
오이	수박
고구마	당근

p. 78

바나나	가지
체리	피망
블루베리	키위
파	파인애플

◆ 음식 · 음료

p. 79

밥	김치
물	라면
계란프라이	치킨
생선구이	삼계탕

p. 80

돈가스	찌개
우유	떡
부침개	김밥
만두	잡채

p. 81

삼겹살	초밥
차	햄버거
빵	짜장면
피자	커피

◆ 전자제품

p. 82

청소기	냉장고
밥솥	컴퓨터
선풍기	세탁기
텔레비전	가스레인지

p. 83

믹서기	커피포트 (전기주전자)
에어컨	(헤어) 드라이기
다리미	전자레인지
리모컨	면도기

3. 직업 이름대기

그림을 보고 직업의 이름을 말해 보세요.

보호자 TIP

보호자는 대상자에게 다음과 같은 도움을 줄 수 있어요.

1. 정답을 맞히지 못한다면, 단계별 단서를 하나씩 제시해 보세요.

   단서 1 직업의 기능 또는 특징

   단서 2 글자 수

   단서 3 첫 글자(또는 첫 자음)

   단서 3까지 제시했을 때에도 맞히지 못한다면, 정답을 알려 주세요. 그리고 반복하여 익힐 수 있도록 지도해 주세요.

   예 경비원 그림을 보여주며,

   보호자: 이 사람은 누구인가요?

   맞히지 못할 경우 단서 1 '건물을 관리하는 사람'이에요.

   맞히지 못할 경우 단서 2 세 글자예요.

   맞히지 못할 경우 단서 3 '경'으로 시작해요.

   맞히지 못할 경우, '경비원'이에요. 따라해 보세요.

2. 텔레비전 시청 시 유명 인물의 이름 및 직업 등에 대해 물어볼 수 있어요.

My name is Ted and
middle school
this letter to
only child in my family
my best friend
next to me while

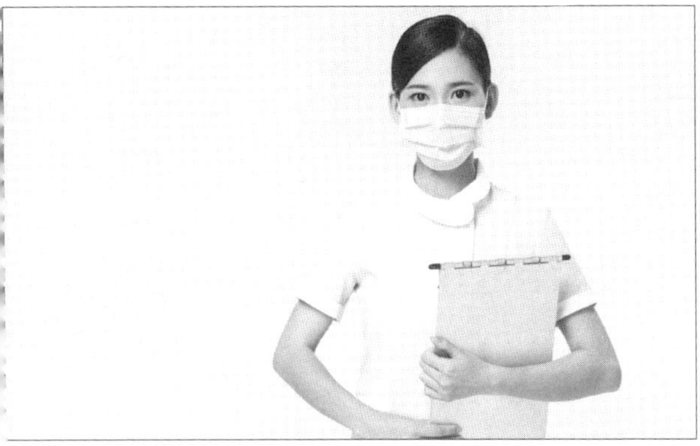

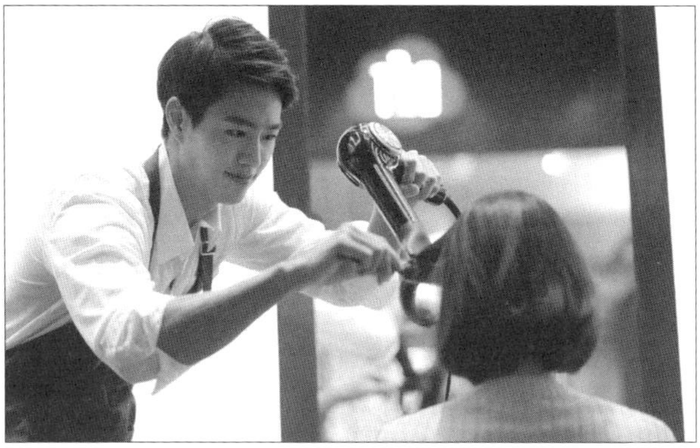

4. 장소 이름대기

그림을 보고 장소의 이름을 말해 보세요.

보호자 TIP

보호자는 대상자에게 다음과 같은 도움을 줄 수 있어요.

1. 정답을 맞히지 못한다면, 단계별 단서를 하나씩 제시해 보세요.

   단서 1 장소의 기능 또는 특징

   단서 2 글자 수

   단서 3 첫 글자(또는 첫 자음)

   단서 3까지 제시했을 때에도 맞히지 못한다면, 정답을 알려 주세요. 그리고 반복하여 익힐 수 있도록 지도해 주세요.

   예 공항 그림을 보여주며,

   보호자: 여기는 어디인가요?

   맞히지 못할 경우 단서 1 국내나 해외를 가기 위해 비행기를 타는 곳이에요.

   맞히지 못할 경우 단서 2 두 글자예요.

   맞히지 못할 경우 단서 3 '공'으로 시작해요.

   맞히지 못할 경우, '공항'이에요. 따라해 보세요.

2. "마트'는 무엇을 하는 곳인가요?' "은행'은 무엇을 하는 곳인가요?'와 같이 장소의 기능에 대해 되물어볼 수 있어요.

3. 유명 장소(예: 남대문, 경복궁, 청와대, 불국사, 석굴암, 63빌딩, 국회의사당, 독립기념관 등)의 사진을 보고 명칭을 말하는 활동을 할 수 있어요.

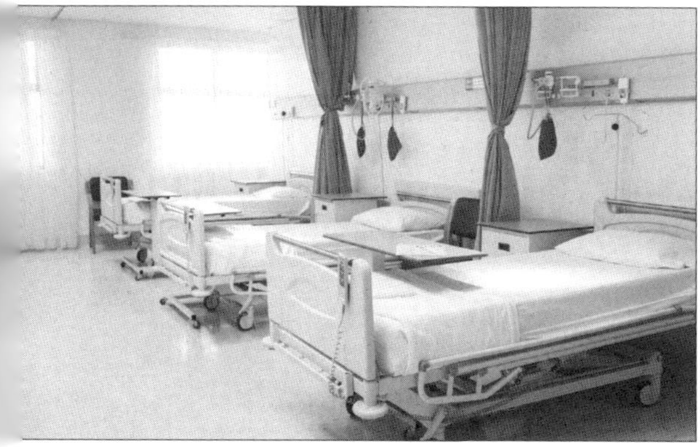

타는 곳 Track

STATOIL

직업 · 장소 이름대기 [정답]

◆ 직업 이름대기

p. 86

가수	군인
농부	의사
요리사	화가
아나운서	판사

p. 87

선생님	경찰
간호사	미용사
어부	소방관
택배기사	승무원

◆ 장소 이름대기

p. 89

공원	마트
화장실	예식장
영화관	수영장
병실(병원)	버스 정류장

p. 90

빵집 (베이커리)	산
지하철역	헬스장
주유소	바다
야구장	놀이공원

제5장

단어 인출

1. 질문 듣고 단어 맞추기
   (단어 퀴즈)
2. 반대말
3. 마인드맵
4. 단어 완성하기

1. 질문 듣고 단어 맞추기(단어 퀴즈)

질문을 듣고 해당하는 단어를 맞춰 보세요.

예 연락을 주고 받을 때 사용하는 것은?

→ 전화기

보호자 TIP

보호자는 대상자에게 다음과 같은 도움을 줄 수 있어요.

1. 정답을 맞히지 못한다면, 단계별 단서를 하나씩 제시해 보세요.

단서 1 몸짓

단서 2 기능 또는 특징

단서 3 글자 수

단서 4 첫 글자(또는 첫 자음)

예 보호자: 연락을 주고 받을 때 사용하는 것은 무엇인가요?

맞히지 못할 경우 단서 1 손을 귀에 대고 전화하는 시늉

맞히지 못할 경우 단서 2 번호를 누르고 수화기에 대고 말을 하며 통화할 때 사용하는 것이에요.

맞히지 못할 경우 단서 3 세 글자예요.

맞히지 못할 경우 단서 4 '전'으로 시작해요.

맞히지 못할 경우, '전화기'예요. 따라해 보세요.

2. 제시된 문제 외에 직접 질문을 만들어 보세요.

1 목이 마를 때 마시는 것은?

2 비가 올 때 쓰는 것은?

3 쓰레기를 버리는 통은?

4 잘 때 덮고 자는 것은?

5 글씨를 지울 때 쓰는 것은?

6 머리를 감을 때 쓰는 것은?

7 잘 때 머리에 베는 것은?

8 못을 박을 때 쓰는 것은?

9 머리를 빗을 때 쓰는 것은?

10 현재 시간을 알려주는 것은?

11 사진을 찍을 때 쓰는 것은?

12 물을 마실 때 쓰는 것은?

13 반찬을 집어먹을 때 쓰는 것은?

14 바닥이나 의자에 깔고 앉는 것은?

15 추울 때 목에 두르는 것은?

16 눈이 잘 안 보일 때 쓰는 것은?

17 추울 때 손에 끼는 것은?

18 이를 닦을 때 칫솔에 짜는 것은?

19 햇빛을 가리기 위해 머리에 쓰는 것은?

20 겨울에 하늘에서 내리는 것은?

21 닭이 낳는 알은?

22 개나리와 벚꽃이 피는 계절은?

23 '멍멍멍' 하고 짖는 것은?

24 머리를 말릴 때 쓰는 것은?

25 슬플 때 눈에서 흐르는 것은?

26 여름에 '맴맴맴' 우는 것은?

27 단풍이 들고 잠자리가 날아다니는 계절은?

28 내 얼굴을 볼 때 쓰는 것은?

29 중학교 다음으로 가는 학교는?

30 칼로 음식 재료를 썰 때 밑에 받치는 것은?

31 설거지를 할 때 손에 끼는 것은?

32 책을 사러 가는 곳은?

33 햇빛으로부터 눈을 보호하기 위해 쓰는 것은?

34 음료나 커피를 마시러 가는 곳은?

35 더러워진 옷을 세탁해 주는 곳은?

36 병뚜껑을 따는 데 사용하는 것은?

37 소화가 안 될 때 먹는 약은?

38 몸의 온도를 잴 때 쓰는 것은?

39 숫자를 계산할 때 쓰는 것은?

40 귀가 잘 안 들릴 때 착용하는 것은?

41 몸무게를 잴 때 쓰는 것은?

42 냄새를 맡고 숨을 쉬는 신체 부위는?

43 대한민국의 수도는?

44 상처가 난 곳에 붙이는 것은?

45 햇빛을 가리기 위해 창문에 치는 것은?

46 중고등학생들이 학교에서 입는 옷은?

47 비가 온 후 하늘에 일곱 빛깔로 뜨는 것은?

48 짠 맛이 나는 하얀 가루는?

49 충치가 생겼을 때 가는 곳은?

50 추석 때 먹는 떡은?

51 우리나라 전통 의상은?

52 빨강, 노랑, 초록불로 신호를 알려주는 것은?

53 갑자기 세차게 쏟아지다가 곧 그치는 비는?

54 꽃의 꿀을 모으는 곤충은?

55 대통령이 사는 곳은?

56 눈이 아플 때 가는 병원은?

57 아기를 태우고 밀고 다니는 것은?

58 우리나라에서 제일 큰 섬은?

59 밤에 길거리를 밝혀 주기 위해 설치된 것은?

60 자신이 태어나서 자란 곳을 부르는 말은?

61 강이나 바다 위를 건널 수 있도록 설치된 것은?

62 대한민국의 국화(꽃)는?

63 노인이나 장애인, 임산부를 위한 자리는?

64 자신이 태어난 날을 부르는 말은?

65 거리를 따라 심어진 나무는?

66 대한민국의 국가(노래)는?

67 한글을 창제한 인물은?

68 아기의 첫 번째 생일을 기념하는 잔치는?

69 사건을 취재하여 기사를 쓰는 사람은?

70 장거리를 달리는 육상경기는?

71 대학에 가기 위해서 보는 시험은?

72 산에서 울려 퍼진 소리가 되돌아오는 현상은?

73 상처가 아물고 난 뒤 생기는 흔적은?

74 우리가 살고 있는 행성은?

75 사고에 대비하여 대피용으로 설치된 출구는?

76 4년에 한 번씩 열리는 세계적인 축구 대회는?

77 자동차를 정비하거나 수리하기 위해 가는 곳은?

78 사막에서 타고 다니는 동물은?

79 그날의 새로운 소식을 알려주는 방송은?

80 가을이 되어 나뭇잎 색깔이 바뀌는 현상은?

81 땅이 흔들리고 갈라지는 자연재해는?

82 결혼한 기념으로 가는 여행은?

83 걱정이 있거나 안심했을 때 길게 내쉬는 숨은?

84 해가 지면서 하늘이 붉게 되는 현상은?

85 수영할 때 눈을 보호하기 위해 쓰는 것은?

86 사막에서 자라는 가시가 많은 식물은?

87 동물을 진찰하고 치료해주는 사람은?

88 벽에 걸기 위해 사진이나 그림을 끼우는 틀은?

89 설날에 윗사람에게 절을 하는 것은?

90 이순신 장군이 만든 배는?

91 죄를 지은 사람을 가두는 곳은?

92 우리나라의 독립을 기념하는 날은?

93 사고 난 자동차를 이동시키는 차는?

94 멀리 있는 물체를 크게 볼 수 있도록 해주는 것은?

95 바다 속으로 다니는 배는?

96 나라를 지킨 군인들을 기리는 날은?

97 아파트나 토지 등을 거래하는 곳은?

98 살던 집에서 다른 집으로 옮기는 것은?

99 미생물을 확대하여 관찰할 때 쓰는 기구는?

100 나무의 나이를 알 수 있는 줄무늬는?

질문 듣고 단어 맞추기(단어 퀴즈) [정답]

1. 물 · 음료
2. 우산
3. 쓰레기통 · 휴지통
4. 이불
5. 지우개
6. 샴푸
7. 베개
8. 망치
9. 빗
10. 시계
11. 카메라 · 사진기
12. 컵 · 물병
13. 젓가락
14. 방석
15. 목도리
16. 안경 · 돋보기
17. 장갑
18. 치약
19. 모자 · 양산
20. 눈 · 비
21. 달걀 · 계란
22. 봄
23. 개 · 강아지
24. 드라이기
25. 눈물
26. 매미
27. 가을
28. 거울
29. 고등학교
30. 도마
31. 고무장갑
32. 서점
33. 선글라스
34. 카페 · 커피숍
35. 세탁소
36. 병따개
37. 소화제
38. 체온계 · 온도계
39. 계산기
40. 보청기
41. 체중계
42. 코
43. 서울
44. 반창고 · 밴드
45. 커튼
46. 교복
47. 무지개
48. 소금
49. 치과
50. 송편
51. 한복
52. 신호등
53. 소나기
54. 벌
55. 청와대
56. 안과
57. 유모차
58. 제주도
59. 가로등
60. 고향

61 다리
62 무궁화
63 노약자석
64 생일
65 가로수
66 애국가
67 세종대왕
68 돌잔치
69 기자
70 마라톤
71 수능
72 메아리
73 흉터
74 지구
75 비상구
76 월드컵
77 정비소 · 카센터
78 낙타
79 뉴스
80 단풍
81 지진
82 신혼여행
83 한숨
84 노을
85 물안경
86 선인장
87 수의사
88 액자
89 세배
90 거북선
91 감옥 · 교도소
92 광복절
93 견인차
94 망원경
95 잠수함
96 현충일
97 부동산
98 이사
99 현미경
100 나이테

2. 반대말

제시된 단어의 반대말을 말해 보세요.

보호자 TIP

보호자는 대상자에게 다음과 같은 도움을 줄 수 있어요.

1. 정답을 맞히지 못한다면, 단서를 제시해 보세요.

1) 예시를 넣어 질문해 보세요.

예 크다 - 작다

보호자: 코끼리는 크고 생쥐는 어떤가요?

대상자: 작다

2) 해당 단어를 풀어서 설명해 보세요.

예 낮 - 밤

보호자: 낮은 밝을 때를 말하고, 어두울 때는?

대상자: 밤

2. 제시된 단어로 문장을 만드는 활동을 할 수 있어요.

예 낮 → 오늘 낮에는 독서를 했다.

밤 → 밤에 잠이 오지 않아서 노래를 들었다.

명사

① 위		② 앞	
③ 낮		④ 안	
⑤ 오른쪽		⑥ 여자	
⑦ 더하기		⑧ 곱하기	
⑨ 시작		⑩ 진짜	
⑪ 장점		⑫ 긍정	
⑬ 천장		⑭ 진실	
⑮ 천사		⑯ 부자	
⑰ 합격		⑱ 일치	
⑲ 유죄		⑳ 동양	
㉑ 정문		㉒ 직진	
㉓ 출생		㉔ 합법	
㉕ 성공		㉖ 수입	
㉗ 연초		㉘ 승리	
㉙ 상승		㉚ 밀물	
㉛ 입금		㉜ 이익	
㉝ 희극		㉞ 고용	
㉟ 채권자		㊱ 임차인	

형용사

① 있다	
③ 좋다	
⑤ 뜨겁다	
⑦ 많다	
⑨ 빠르다	
⑪ 가볍다	
⑬ 뚱뚱하다	
⑮ 멀다	
⑰ 넓다	
⑲ 깊다	
㉑ 흐리다	
㉓ 깨끗하다	
㉕ 맞다(옳다)	
㉗ 검다	
㉙ 배고프다	
㉛ 조용하다	
㉝ 거칠다	
㉟ 바쁘다	

② 크다	
④ 덥다	
⑥ 길다	
⑧ 높다	
⑩ 기쁘다	
⑫ 밝다	
⑭ 쉽다	
⑯ 싸다(저렴하다)	
⑱ 같다	
⑳ 두껍다	
㉒ 굵다	
㉔ 강하다(세다)	
㉖ 짜다	
㉘ 편하다	
㉚ 행복하다	
㉜ 딱딱하다	
㉞ 가난하다	
㊱ 부지런하다	

37 능동적		38 구체적	
39 주관적		40 습하다	
41 위험하다		42 낯설다	
43 단순하다		44 공손하다	
45 용감하다		46 능숙하다	

동사

1 열다		2 켜다	
3 앉다		4 입다	
5 울다		6 올라가다	
7 가다		8 자다	
9 알다		10 밀다	
11 사다		12 주다	
13 묶다		14 입국하다	
15 이륙하다		16 찬성하다	
17 채우다		18 삼키다	
19 잃어버리다		20 들어오다	
21 접다(구기다)		22 붙이다	
23 꺼내다		24 공격하다	

25 기억하다		26 정리하다	
27 거절하다			

명사-반대

	1 아래		2 뒤
	3 밤		4 밖
	5 왼쪽		6 남자
	7 빼기		8 나누기
	9 끝(마지막)		10 가짜
	11 단점		12 부정
	13 바닥		14 거짓
	15 악마		16 거지
	17 불합격(탈락)		18 불일치
	19 무죄		20 서양
	21 후문		22 후진
	23 사망		24 불법
	25 실패		26 수출
	27 연말		28 패배
	29 하강		30 썰물

	㉛ 출금
	㉝ 비극
	㉟ 채무자

	㉜ 손해(불이익)
	㉞ 해고
	㊱ 임대인

형용사-반대

	① 없다
	③ 싫다(나쁘다)
	⑤ 차갑다
	⑦ 적다
	⑨ 느리다
	⑪ 무겁다
	⑬ 날씬하다 (홀쭉하다)
	⑮ 가깝다
	⑰ 좁다
	⑲ 얕다
	㉑ 맑다(선명하다)
	㉓ 더럽다
	㉕ 틀리다(그르다)

	② 작다
	④ 춥다
	⑥ 짧다
	⑧ 낮다
	⑩ 슬프다
	⑫ 어둡다
	⑭ 어렵다
	⑯ 비싸다
	⑱ 다르다
	⑳ 얇다
	㉒ 가늘다
	㉔ 약하다
	㉖ 싱겁다

	㉗ 희다(하얗다)		㉘ 불편하다
	㉙ 배부르다		㉚ 불행하다
	㉛ 시끄럽다		㉜ 말랑말랑하다
	㉝ 부드럽다 (매끈하다)		㉞ 부유하다
	㉟ 한가하다 (여유롭다)		㊱ 게으르다
	㊲ 수동적		㊳ 추상적
	㊴ 객관적		㊵ 건조하다
	㊶ 안전하다		㊷ 익숙하다 (친숙하다)
	㊸ 복잡하다		㊹ 무례하다 (버릇없다)
	㊺ 비겁하다 (겁이 많다)		㊻ 서툴다

동사-반대

	① 닫다		② 끄다
	③ (일어)서다		④ 벗다
	⑤ 웃다		⑥ 내려가다

	⑦ 오다 (서다, 멈추다)
	⑨ 모르다
	⑪ 팔다
	⑬ 풀다
	⑮ 착륙하다
	⑰ 비우다
	⑲ 찾다
	㉑ 펴다
	㉓ 넣다 (빼다)
	㉕ 잊다
	㉗ 승낙하다 (허락하다)

	⑧ 일어나다 (깨다)
	⑩ 끌다(당기다)
	⑫ 받다
	⑭ 출국하다
	⑯ 반대하다
	⑱ 뱉다
	⑳ 나가다
	㉒ 떼다
	㉔ 방어하다 (막다, 수비하다)
	㉖ 어지럽히다

반대말 [정답]

◆ 명사 p. 116

◆ 명사-반대 pp. 119~120

1 위 / 아래
2 앞 / 뒤
3 낮 / 밤
4 안 / 밖
5 오른쪽 / 왼쪽
6 여자 / 남자
7 더하기 / 빼기
8 곱하기 / 나누기
9 시작 / 끝(마지막)
10 진짜 / 가짜
11 장점 / 단점
12 긍정 / 부정
13 천장 / 바닥
14 진실 / 거짓
15 천사 / 악마
16 부자 / 거지
17 합격 / 불합격(탈락)
18 일치 / 불일치
19 유죄 / 무죄
20 동양 / 서양
21 정문 / 후문
22 직진 / 후진
23 출생 / 사망
24 합법 / 불법
25 성공 / 실패
26 수입 / 수출
27 연초 / 연말
28 승리 / 패배
29 상승 / 하강
30 밀물 / 썰물
31 입금 / 출금
32 이익 / 손해(불이익)
33 희극 / 비극
34 고용 / 해고
35 채권자 / 채무자
36 임차인 / 임대인

◆ 형용사 pp. 117~118

◆ 형용사-반대 pp. 120~121

1 있다 / 없다
2 크다 / 작다
3 좋다 / 싫다(나쁘다)
4 덥다 / 춥다
5 뜨겁다 / 차갑다
6 길다 / 짧다
7 많다 / 적다
8 높다 / 낮다
9 빠르다 / 느리다
10 기쁘다 / 슬프다
11 가볍다 / 무겁다
12 밝다 / 어둡다
13 뚱뚱하다 / 날씬하다(홀쭉하다)
14 쉽다 / 어렵다
15 멀다 / 가깝다
16 싸다(저렴하다) /

비싸다

⑰ 넓다 / 좁다

⑱ 같다 / 다르다

⑲ 깊다 / 얕다

⑳ 두껍다 / 얇다

㉑ 흐리다 / 맑다(선명하다)

㉒ 굵다 / 가늘다

㉓ 깨끗하다 / 더럽다

㉔ 강하다(세다) / 약하다

㉕ 맞다(옳다) / 틀리다(그르다)

㉖ 짜다 / 싱겁다

㉗ 검다 / 희다(하얗다)

㉘ 편하다 / 불편하다

㉙ 배고프다 / 배부르다

㉚ 행복하다 / 불행하다

㉛ 조용하다 / 시끄럽다

㉜ 딱딱하다 / 말랑말랑하다

㉝ 거칠다 / 부드럽다(매끈하다)

㉞ 가난하다 / 부유하다

㉟ 바쁘다 / 한가하다(여유롭다)

㊱ 부지런하다 / 게으르다

㊲ 능동적 / 수동적

㊳ 구체적 / 추상적

㊴ 주관적 / 객관적

㊵ 습하다 / 건조하다

㊶ 위험하다 / 안전하다

㊷ 낯설다 / 익숙하다(친숙하다)

㊸ 단순하다 / 복잡하다

㊹ 공손하다 / 무례하다(버릇없다)

㊺ 용감하다 / 비겁하다(겁이 많다)

㊻ 능숙하다 / 서툴다

◆ 동사 pp. 118~119

◆ 동사-반대 pp. 121~122

① 열다 / 닫다

② 켜다 / 끄다

③ 앉다 / (일어)서다

④ 입다 / 벗다

⑤ 울다 / 웃다

⑥ 올라가다 / 내려가다

⑦ 가다 / 오다(서다, 멈추다)

⑧ 자다 / 일어나다(깨다)

⑨ 알다 / 모르다

⑩ 밀다 / 끌다(당기다)

⑪ 사다 / 팔다

⑫ 주다 / 받다

⑬ 묶다 / 풀다

⑭ 입국하다 / 출국하다

⑮ 이륙하다 / 착륙하다

⑯ 찬성하다 / 반대하다

⑰ 채우다 / 비우다

⑱ 삼키다 / 뱉다

⑲ 잃어버리다 / 찾다

⑳ 들어오다 / 나가다

㉑ 접다(구기다) / 펴다

㉒ 붙이다 / 떼다

㉓ 꺼내다 / 넣다(빼다)

㉔ 공격하다 / 방어하다(막다,

수비하다)

㉕ 기억하다 / 잊다

㉖ 정리하다 / 어지럽히다

㉗ 거절하다 / 승낙하다(허락하다)

3. 마인드맵

주제어와 연관된 단어들을 적어 가지를 뻗어나가 보세요. 가능하다면 각 단어 당 두 개 이상의 단어를 연상하여 적어 보세요. 완성한 후 소리내어 읽어 보세요.

보호자 TIP

보호자는 대상자에게 다음과 같은 도움을 줄 수 있어요.

1. 왜 해당 단어가 떠올랐는지 의미 관계를 설명하도록 지도해 보세요.

2. 활동을 하면서 예전에 있었던 일을 떠올리며 함께 이야기를 나눠 보세요.

3. 제시된 주제 외에 다양한 단어로 활동해 보세요.

예

텔레비전
리모컨
음량
건전지
채널
뉴스
날씨
기상청
계절
정보
신문
라디오
드라마
연예인
가수
노래
콘서트
배우
연기
광고
돈
은행
대출
통장
이자
영화
시상식
영화관
팝콘
콜라
데이트

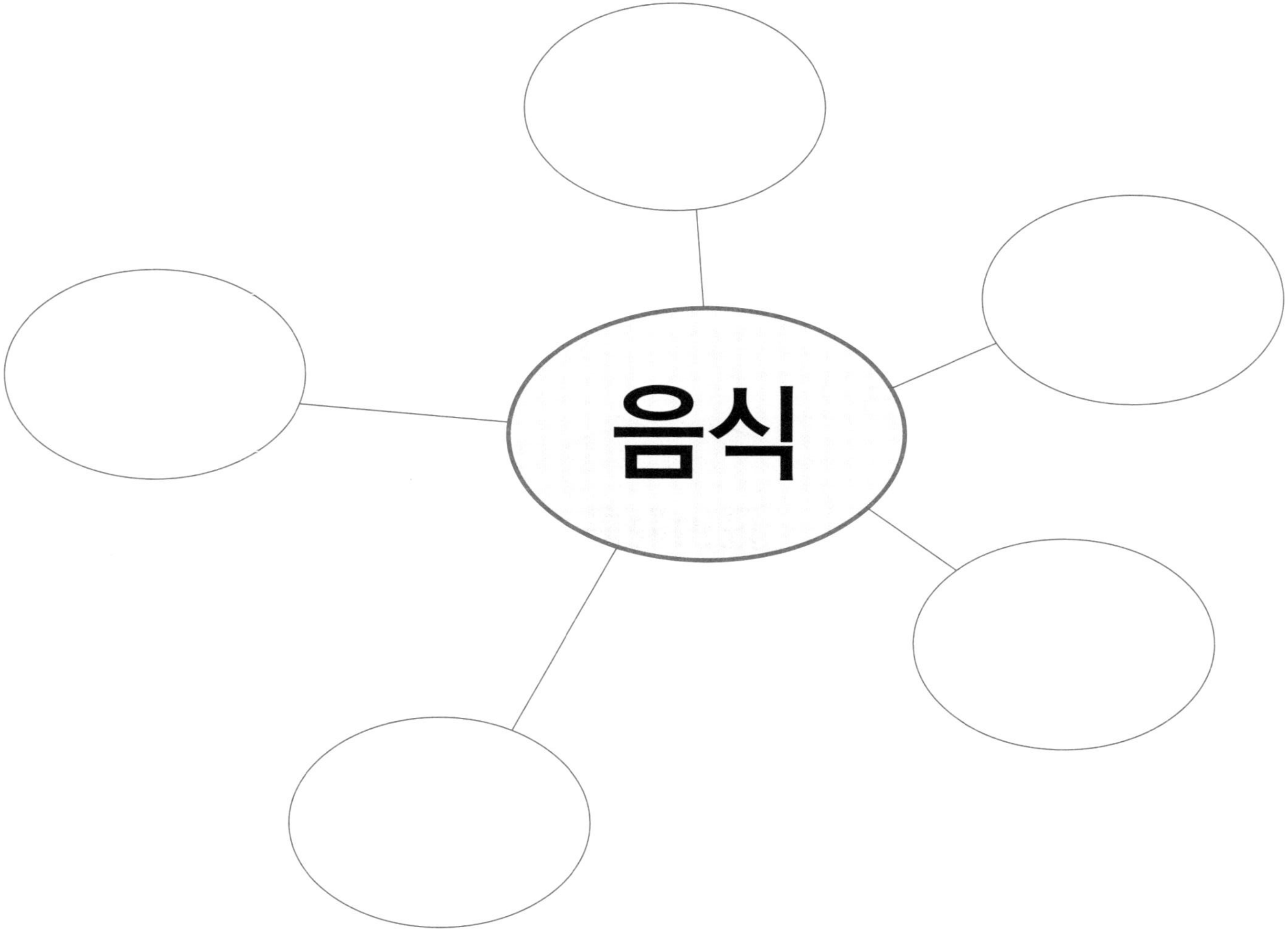
음식

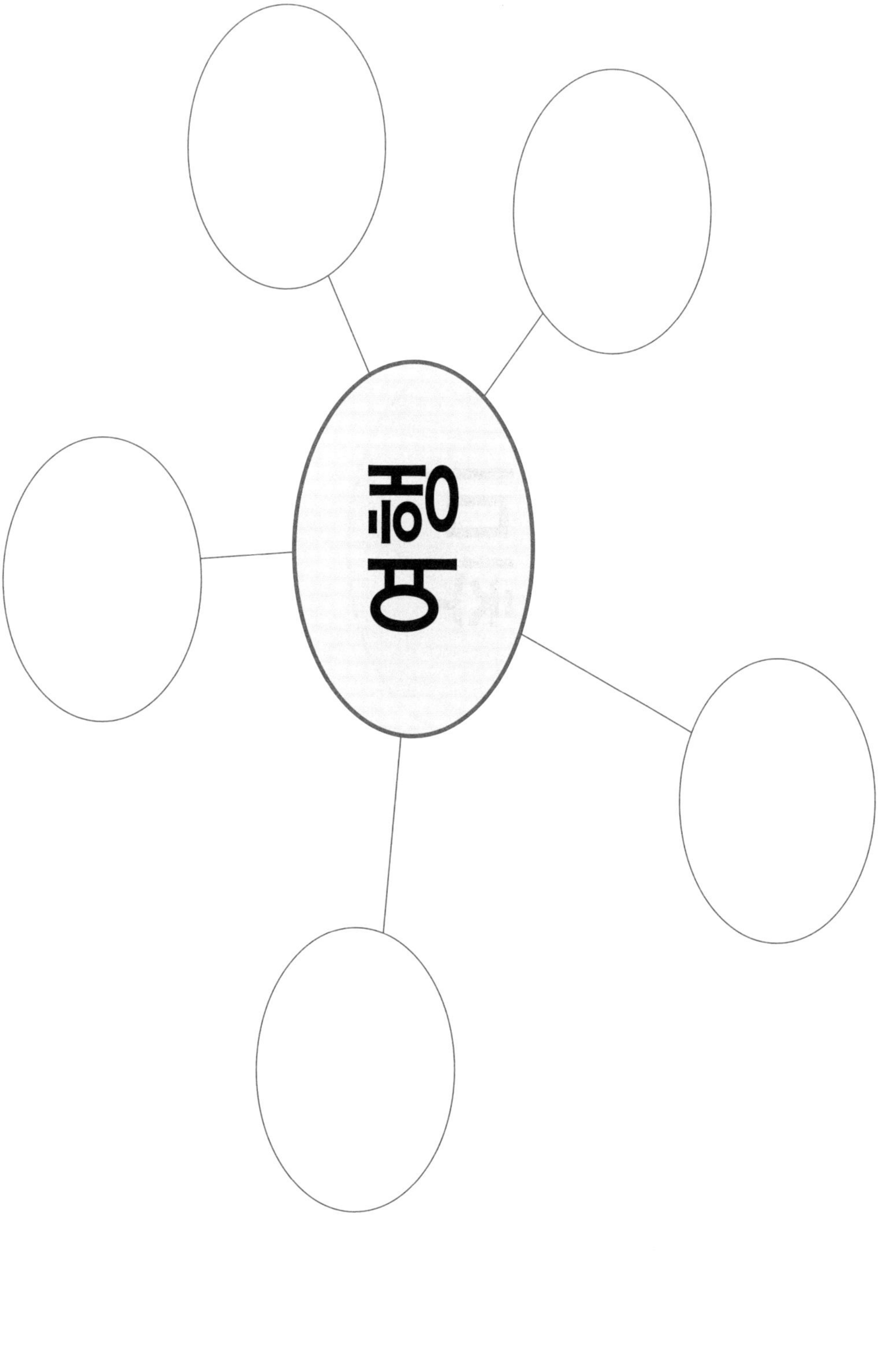
여행

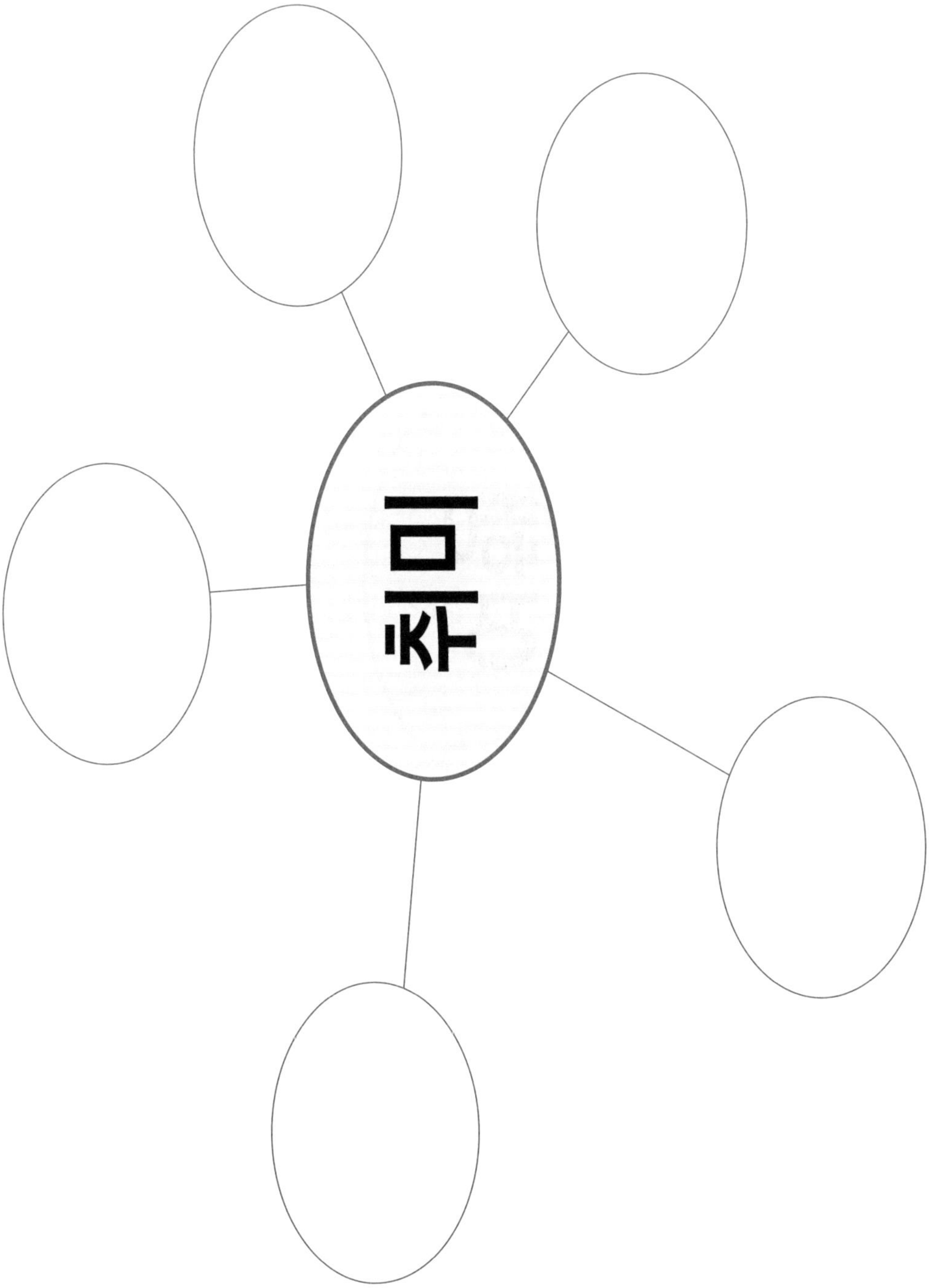
취미

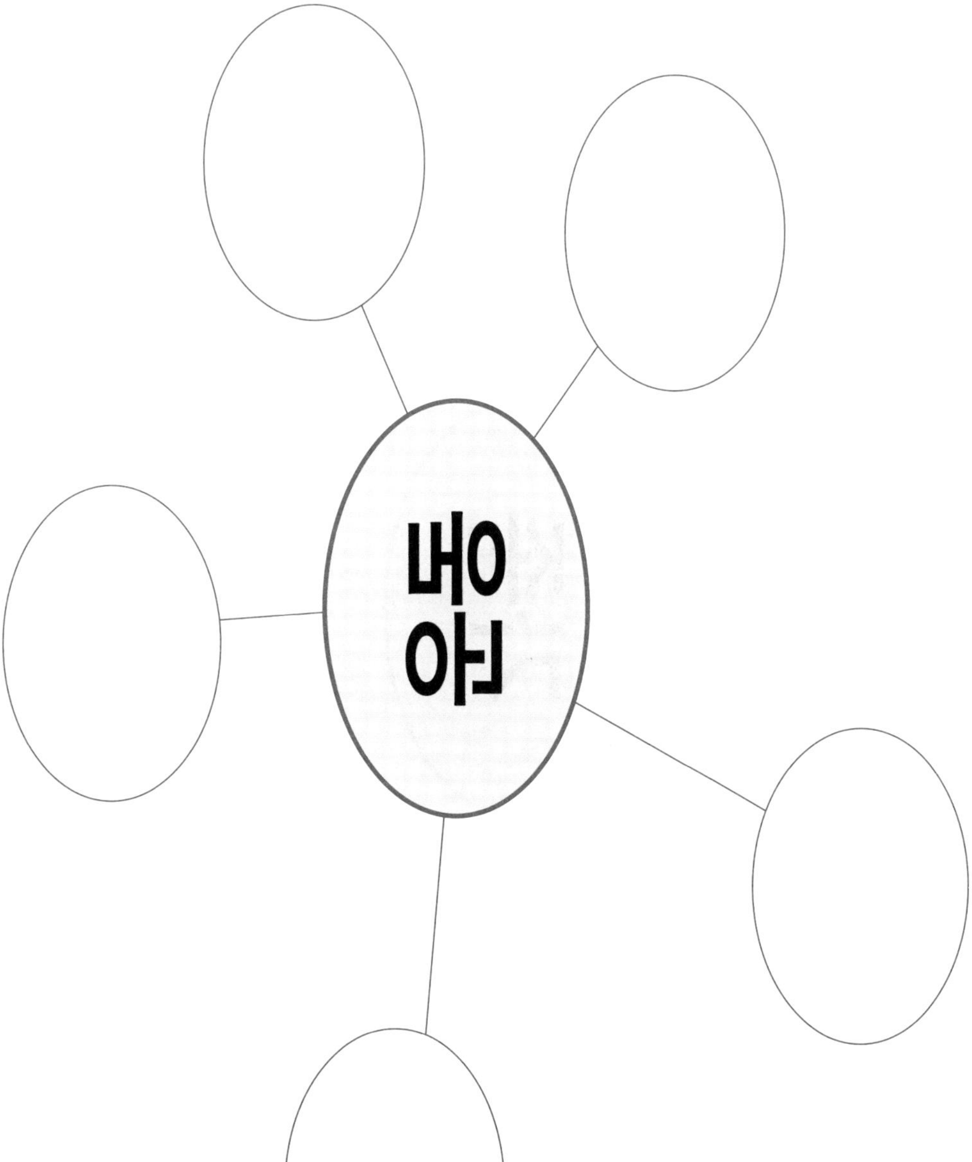
운동

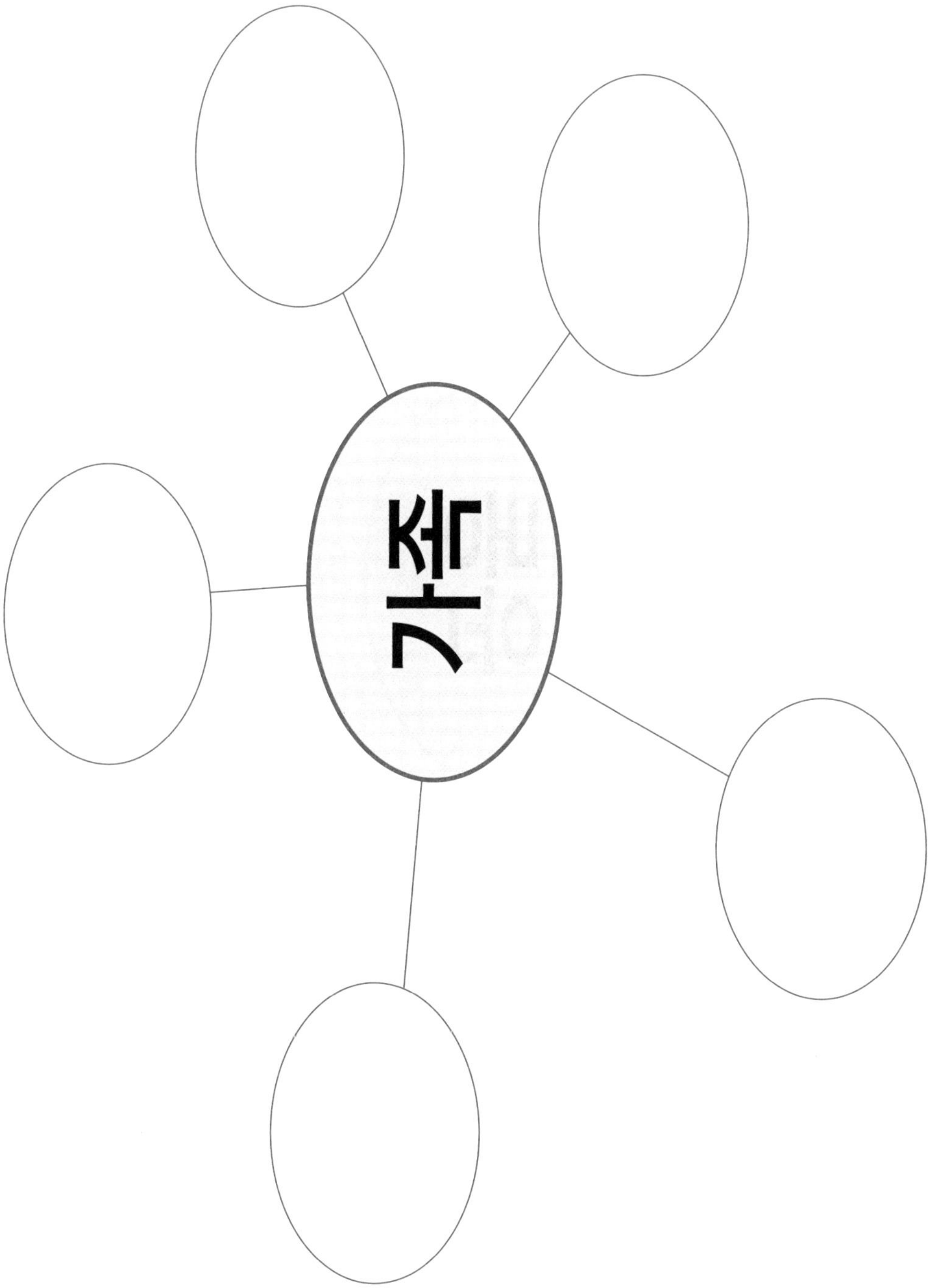
가족

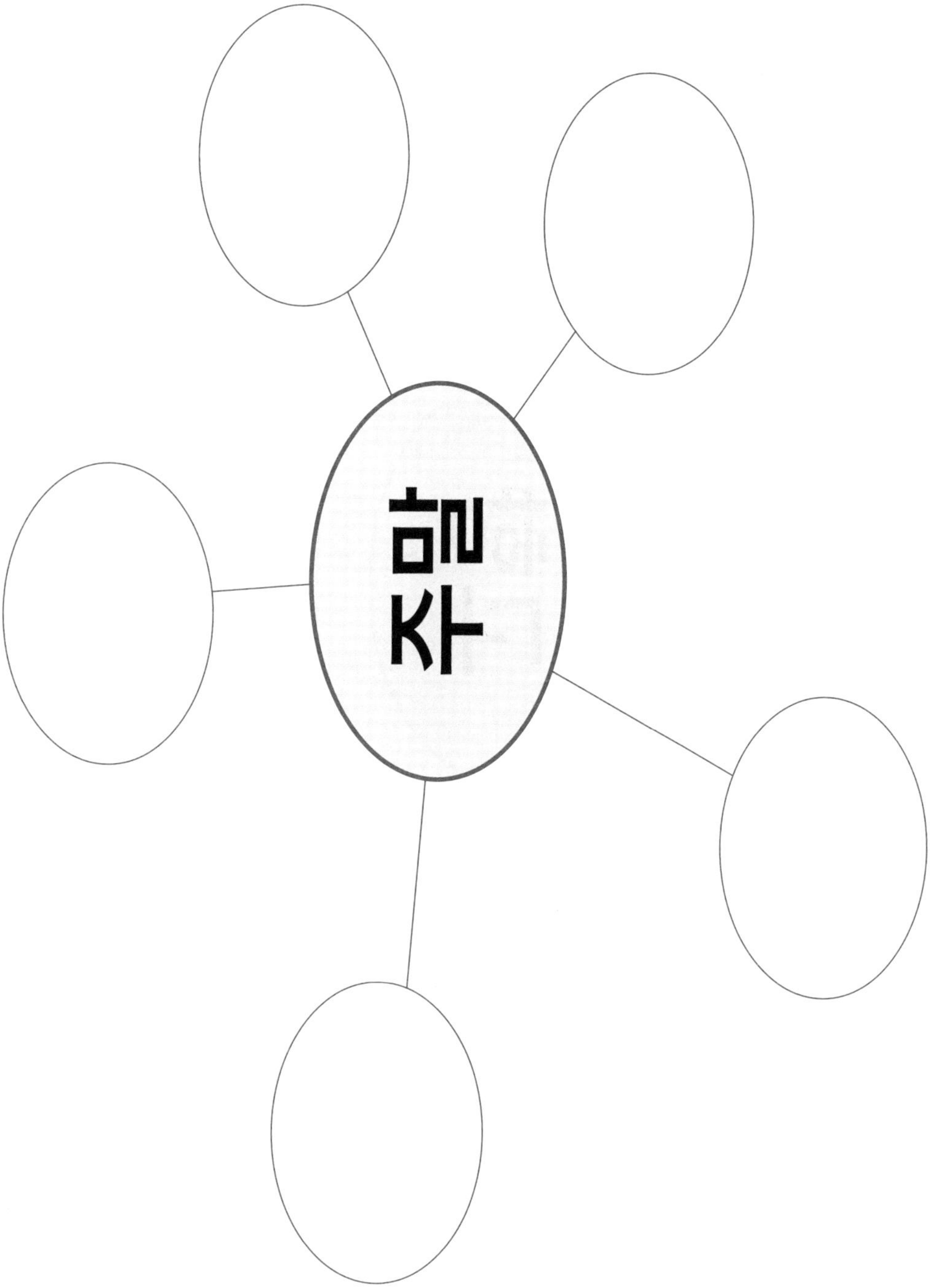
주말

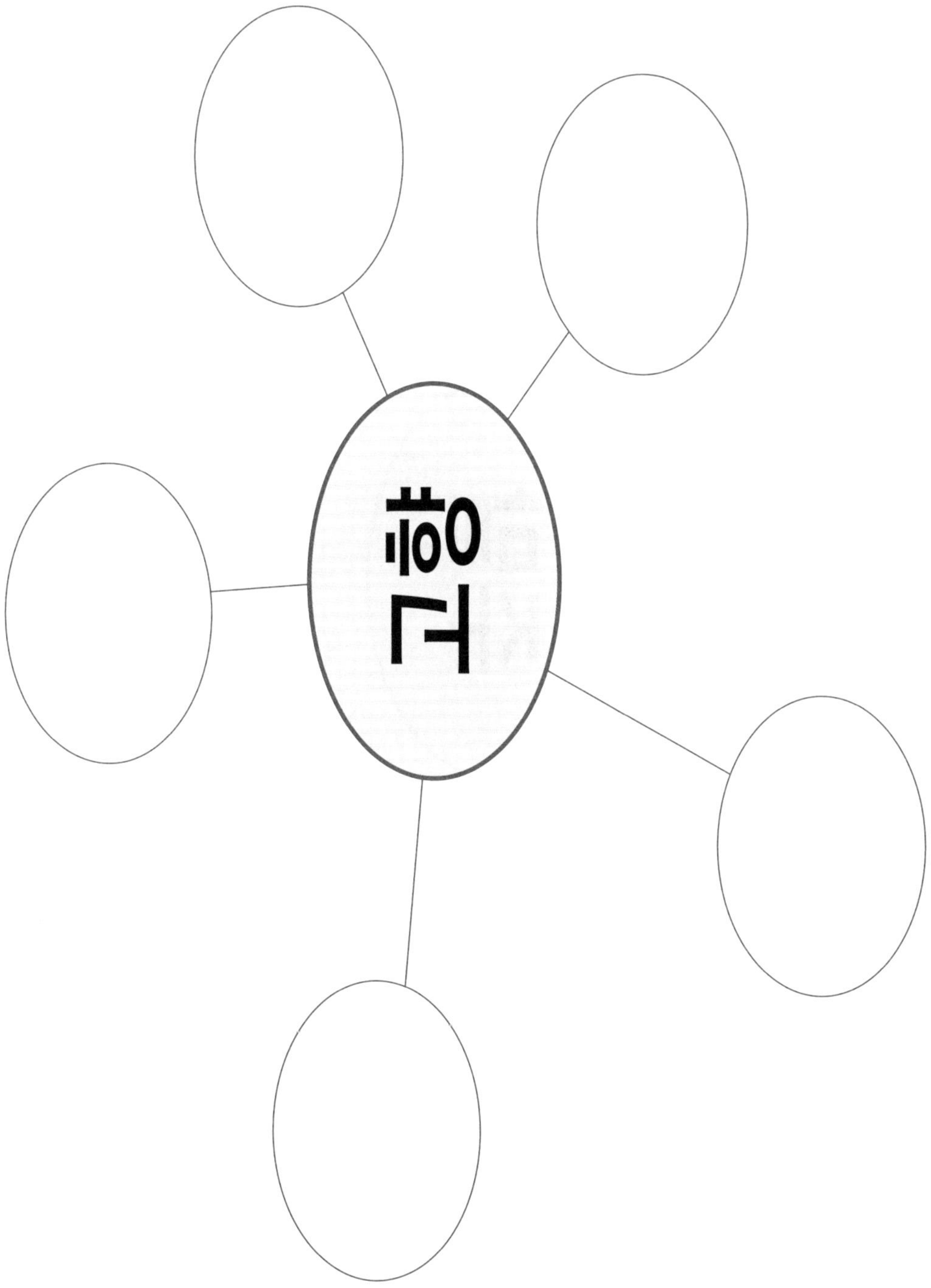
교육

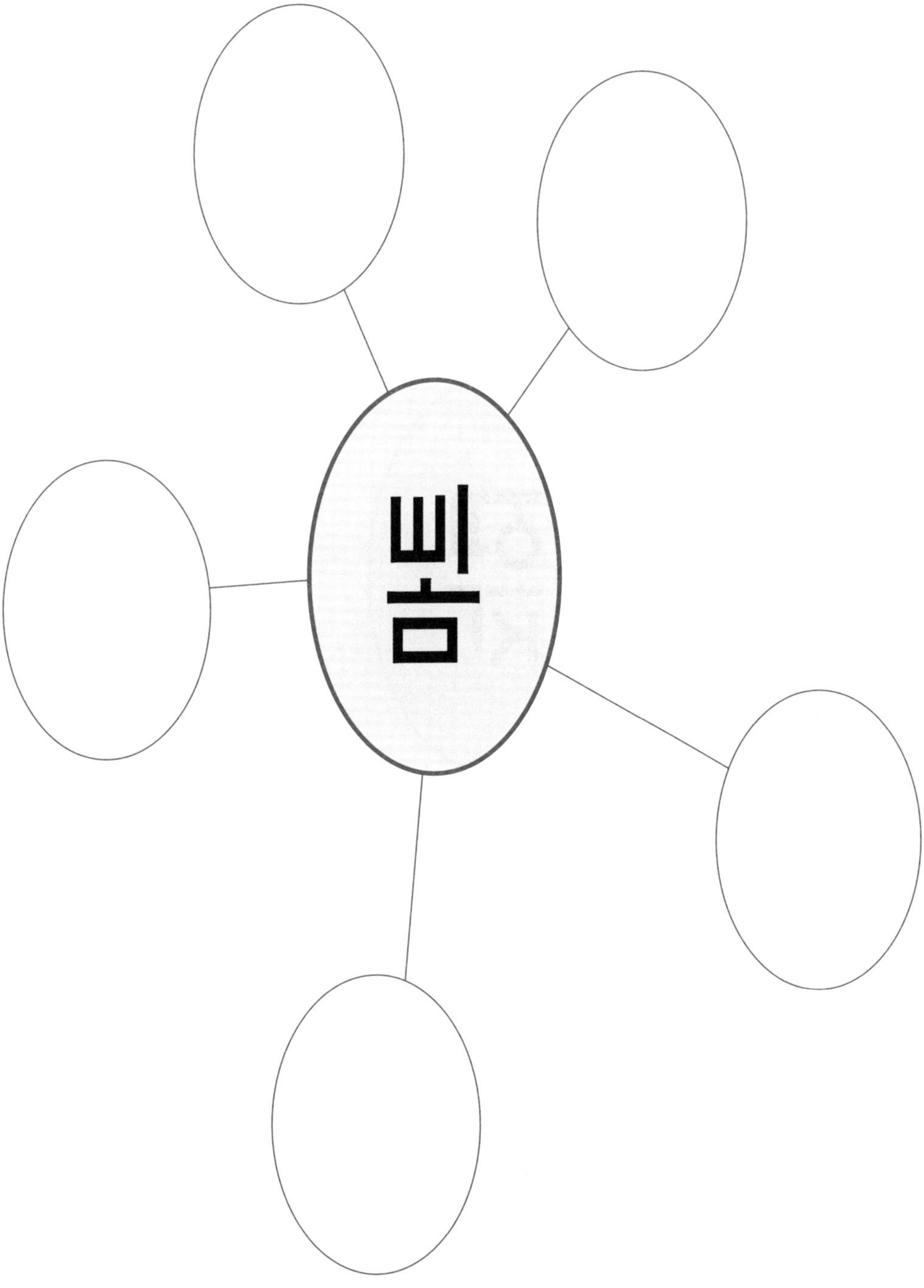
마트

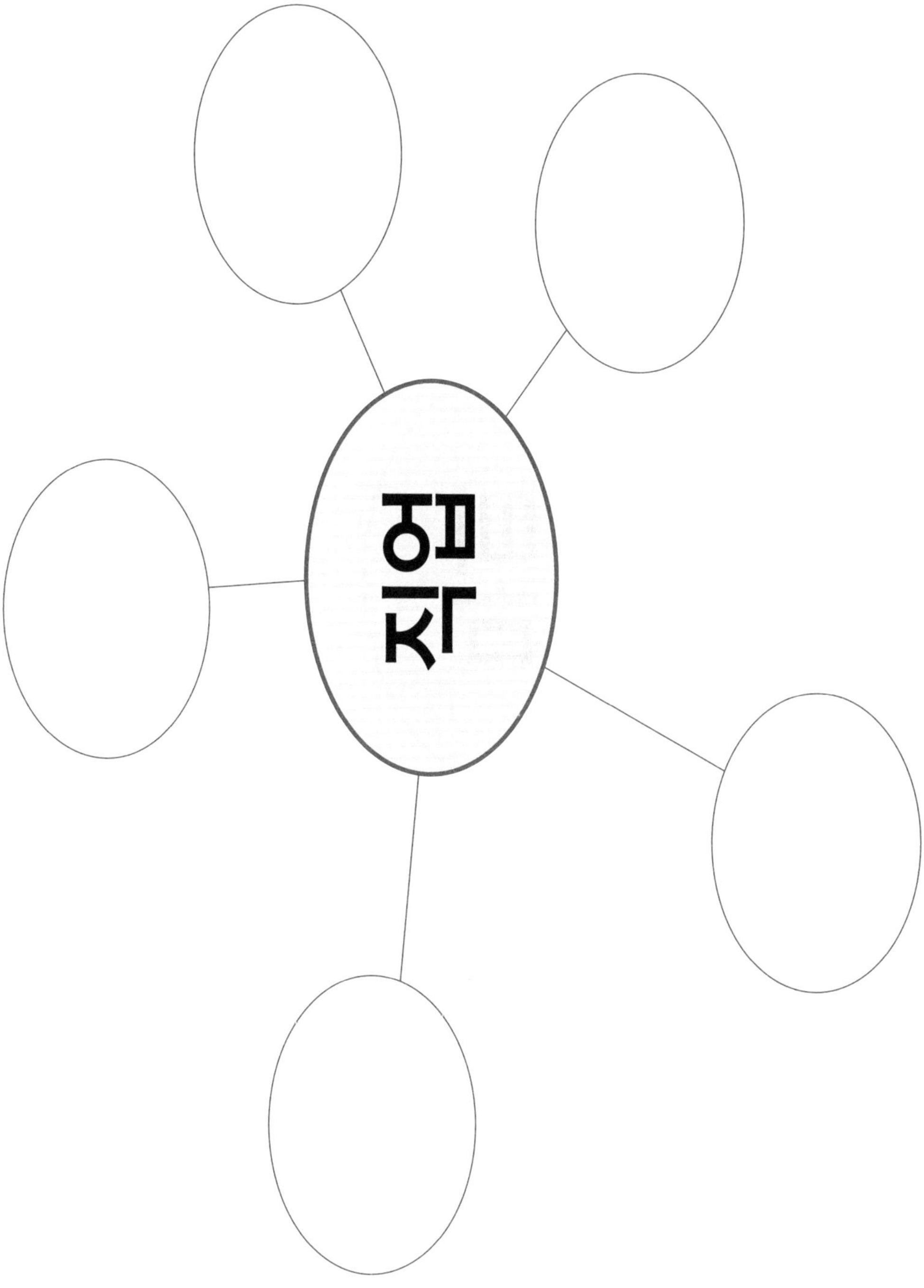
직업

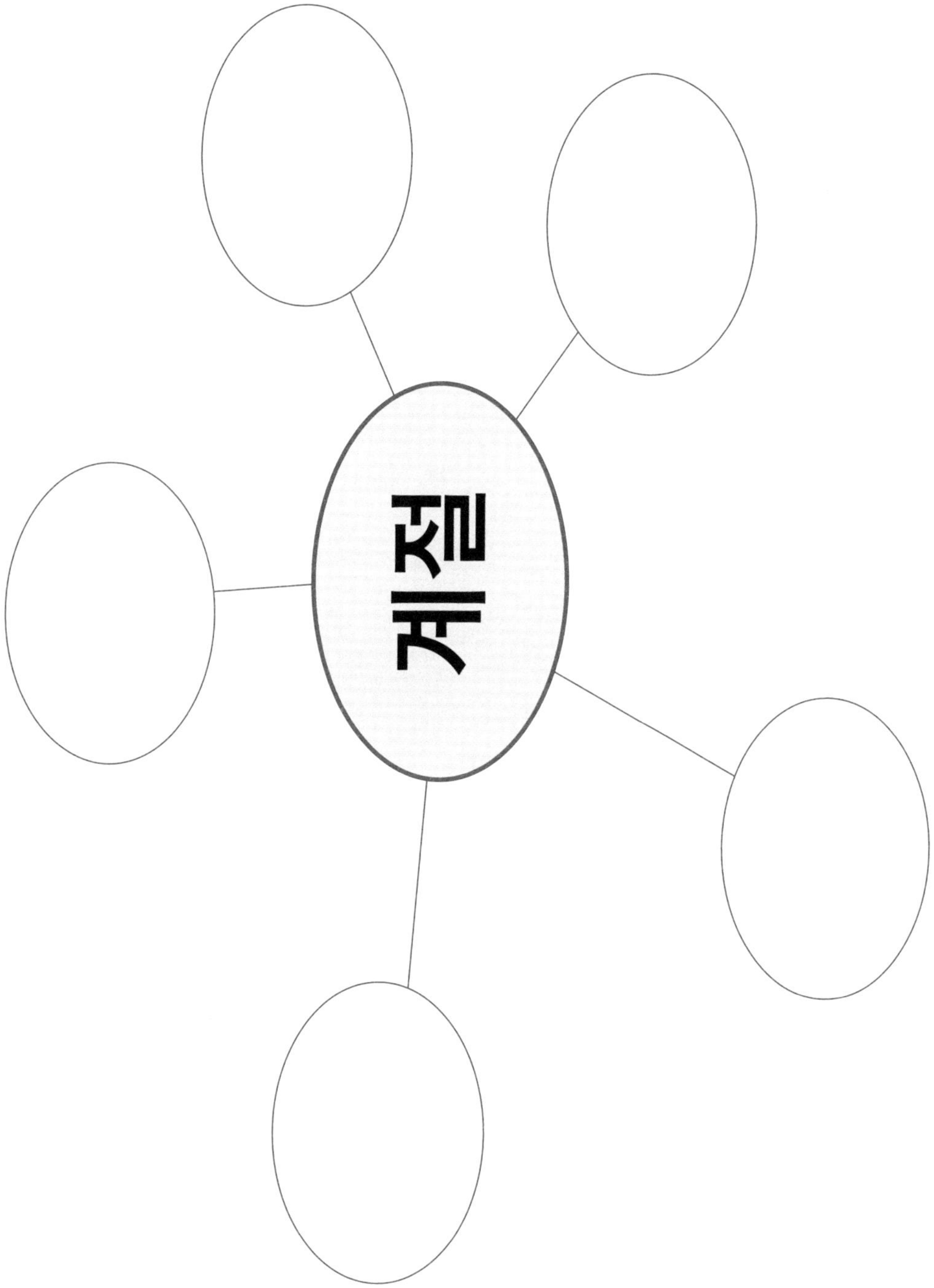
제철

4. 단어 완성하기

빈 칸에 공통으로 들어갈 글자를 넣어 단어를 완성해 보세요.

❶ [ㅍ]크, [ㅍ]도 → ______

❷ [ㅅ]과, [ㅅ]슴 → ______

❸ [ㄱ]수, [ㄱ]방 → ______

❹ 아[ㅊ], [ㅊ]대 → ______

❺ 전[ㅎ], [ㅎ]분 → ______

❻ [ㅇ]유, 새[ㅇ] → ______

❼ 식[ㅌ], [ㅌ]구 → ______

⑧ 장[ㄱ], 지[ㄱ] → ____________

⑨ 신[ㅁ], 창[ㅁ] → ____________

⑩ 두[ㅂ], 공[ㅂ] → ____________

⑪ 편[ㅈ], 돼[ㅈ], 휴[ㅈ] → ____________

⑫ 유[ㄹ], 허[ㄹ], 오[ㄹ] → ____________

⑬ 오[ㅇ], 아[ㅇ], 종[ㅇ] → ____________

⑭ [ㅇ]파, 태[ㅇ], [ㅇ]말 → ____________

⑮ [ㄴ]비, [ㄴ]라, 누[ㄴ] → ____________

⑯ [ㄷ]어, [ㄷ]추, 계[ㄷ] → ____________

⑰ 숫ㅈ, 피ㅈ, ㅈ석 →

⑱ ㅁ기, ㅁ래, ㅁ양 →

⑲ ㄱ울, ㄱ미, ㄱ실 →

⑳ ㅂ다, ㅂ지, ㅂ람 →

㉑ 배ㅊ, 고ㅊ장 →

㉓ ㅁ릎, 소나ㅁ →

㉓ 담ㅇ, 일ㅇ일 →

㉔ ㅂ찬, ㅂ창고 →

㉕ ㅅ박, 옥수ㅅ →

26 ㄱ름, 구ㄱ단 →

27 앵ㄷ, 연ㄷ색 →

28 ㄱ린, 달리ㄱ →

29 ㅍ사, 자ㅍ기 →

30 ㅈ쟁, 주ㅈ자 →

31 ㅅ일, ㅅ선, 선ㅅ님 →

32 ㅅ라, 미ㅅ, 목ㅅ리 →

33 개ㅁ, ㅁ역, ㅁ나리 →

34 수ㄱ, ㄱ물, ㄱ어물 →

35 ㅁ내, 천ㅁ, 마지ㅁ →

36 기ㅌ, ㅌ조, 울ㅌ리 →

37 ㅊ소, 부ㅊ, 재ㅊ기 →

38 마ㅇ, ㅇ악, 물ㅇ표 →

39 라ㅁ, ㅁ봉, 세ㅁ대 →

40 ㅈ미, 시ㅈ, 냉ㅈ고 →

41 ㅇ돈, 미ㅇ실, 식ㅇ유 →

42 친ㄱ, 고ㄱ마, 바ㄱ니 →

43 ㅎ떡, 변ㅎ사, ㅎ랑이 →

44 [ㄷ]전, 부[ㄷ]산, 운[ㄷ]장 → ______

45 하[ㄹ], 두[ㄹ]미, 밀가[ㄹ] → ______

46 [ㅎ]가, 동[ㅎ]책, 백[ㅎ]점 → ______

47 [ㅅ]울, 도[ㅅ]관, 경찰[ㅅ] → ______

48 [ㄱ]향, 돌[ㄱ]래, 보[ㄱ]서 → ______

49 [ㅇ]들, [ㅇ]파트, 병[ㅇ]리 → ______

50 장[ㅁ], 토[ㅁ]토, 드라[ㅁ] → ______

단어 완성하기 [정답]

1. 포
2. 사
3. 가
4. 침
5. 화
6. 우
7. 탁
8. 갑
9. 문
10. 부
11. 지
12. 리
13. 이
14. 양
15. 나
16. 단
17. 자
18. 모
19. 거
20. 바
21. 추
22. 무
23. 요
24. 반
25. 수
26. 구
27. 두
28. 기
29. 판
30. 전
31. 생
32. 소
33. 미
34. 건
35. 막
36. 타
37. 채
38. 음
39. 면
40. 장
41. 용
42. 구
43. 호
44. 동
45. 루
46. 화
47. 서
48. 고
49. 아
50. 마

제6장

단어 유창성

1. 범주별 생성이름대기
2. 시작하는 단어
   · 끝나는 단어
3. 자음으로 시작하는 단어

1. 범주별 생성이름대기

생성이름대기란?

주어진 조건에 해당하는 단어를 산출하는 능력입니다.

범주를 듣고(보고) 해당하는 단어를 가능한 한 많이 말해 보세요.

예 과일

→ 사과, 배, 귤…

보호자 TIP

보호자는 대상자에게 다음과 같은 도움을 줄 수 있어요.

1. 기준을 정해 보세요.
   1) 시간제한 없이 가능한 한 많이 말하기
   2) 최소 몇 개 이상 말하기
   3) 정해진 시간 동안 가능한 한 많이 말하기
2. '가수 이름' '남자 배우' '영화 제목' 등 다른 범주로 활동해 보세요.
3. 단어를 떠올리기 어려워한다면, 단어의 기능 또는 특징을 설명해 보세요.

   예 과일 이름 말하기에서
   '노랗고 긴 과일' '여름에 먹는 과일' '분홍색 껍질에 털이 난 과일' 등 단서를 제시해 주세요.

과일

야채

전자제품

주방용품

운동(스포츠)

음식

색깔

직업

나라명

감정을 나타내는 표현

범주별 생성이름대기 [참고]

◆ 과일 p. 148

사과, 배, 바나나, 복숭아, 귤, 감, 수박, 참외, 딸기, 포도, 파인애플, 오렌지, 자두, 체리, 망고, 자몽, 석류, 키위, 한라봉 등

◆ 야채 p. 148

상추, 오이, 당근, 깻잎, 배추, 양파, 가지, 호박, 고추, 미나리, 쑥갓, 양배추, 부추, 무, 마늘, 버섯, 감자, 고구마, 옥수수, 대추, 토마토, 시금치, 고사리, 두릅, 생강, 연근, 우엉, 토란, 브로콜리 등

◆ 전자제품 p. 148

냉장고, 전화기, TV(텔레비전), 에어컨, 선풍기, 드라이기, 전자레인지, 다리미, 청소기, 세탁기, 컴퓨터, 제습기, 가습기, 밥솥, 믹서, 오븐, 김치냉장고, 공기청정기, 식기세척기 등

◆ 주방용품 p. 148

숟가락, 젓가락, 컵, 그릇, 접시, 칼, 도마, 냄비, 프라이팬, 가위, 국자, 주걱, 뒤집개, 채, 수세미, 고무장갑, 세제, 집게 등

◆ 운동(스포츠) p. 149

태권도, 수영, 축구, 야구, 농구, 탁구, 배구, 배드민턴, 테니스, 달리기, 스케이트, 스키, 줄넘기, 등산, 양궁, 펜싱, 요가, 골프, 씨름, 마라톤, 핸드볼 등

◆ 음식 p. 149

비빔밥, 삼계탕, 떡국, 된장찌개, 김치찌개, 불고기, 삼겹살, 돼지갈비, 족발, 보쌈, 닭볶음탕, 치킨, 스테이크, 잡채, 생선구이, 전, 초밥, 회, 떡볶이, 김밥, 만두, 국수, 냉면, 자장면, 짬뽕, 탕수육, 부침개, 피자, 스파게티, 햄버거 등

◆ 색깔 p. 149

빨간색, 파란색, 노란색, 검정색, 하얀색, 초록색, 주황색, 남색, 보라색, 분홍색, 하늘색, 연두색, 갈색, 살구색, 청록색, 회색 등

◆ 직업 p. 149

선생님, 의사, 간호사, 치료사, 약사, 소방관, 경찰관, 회사원, 가수, 배우, 택시기사, 버스기사, 은행원, 요리사, 미용사, 교수, 기자, 운동선수, 농부, 어부, 변호사, 판사, 검사, 기관사, 조종사, 승무원, 공무원, 화가, 건축가, 디자이너, 안경사 등

◆ 나라명 p. 150

한국, 중국, 일본, 미국, 캐나다, 호주, 영국, 프랑스, 이탈리아, 독일, 스페인, 그리스, 네덜란드, 브라질, 멕시코, 필리핀, 태국, 싱가포르, 러시아, 이집트 등

◆ 감정을 나타내는 표현 p. 150

▶ 제1장 4. 다양한 감정 · 상태 표현(pp. 24~25)을 참고하세요.

좋다, 나쁘다, 기쁘다, 슬프다, 행복하다, 속상하다, 우울하다, 답답하다, 사랑하다, 부끄럽다, 창피하다, 서럽다, 쑥스럽다, 괴롭다, 짜증나다, 당황하다, 어이없다 등

잠깐! 기억력 게임으로 활용해 보세요!

주제를 정하고, 두 명 이상이 번갈아가면서 하나씩 단어를 말해 보세요.

▶ 주제는 제6장 1. 범주별 생성이름대기(p. 147)를 참고하세요.

내 차례가 되면 처음에 나왔던 단어부터 순서대로 모두 말한 뒤, 주제에 해당하는 다른 단어를 말합니다.

예 주제: 과일

A: 사과

B: 사과, 딸기

A: 사과, 딸기, 바나나

B: 사과, 딸기, 바나나, 복숭아

A: 사과, 딸기, 바나나, 복숭아, 수박…

2. 시작하는 단어 · 끝나는 단어

보호자 TIP

기준을 정해 보세요.

1) 시간제한 없이 가능한 한 많이 말하기
2) 최소 몇 개 이상 말하기
3) 정해진 시간 동안 가능한 한 많이 말하기

시작하는 단어

주어진 글자로 시작하는 단어를 가능한 한 많이 말해 보세요.

예 대 → 대나무, 대학교, 대화, 대답, 대통령…

고

바

이

소

호

동

장

신

경

화

끝나는 단어

주어진 글자로 끝나는 단어를 가능한 한 많이 말해 보세요.

예 고 → 냉장고, 창고, 수고, 거문고, 최고, 사고…

도

장

자

학

소

인

수

마

화

부

시작하는 단어 · 끝나는 단어 [참고]

◆ 시작하는 단어

pp. 154~156

(고) 고양이, 고등어, 고구마, 고기, 고무장갑, 고추 · 고추장, 고추잠자리, 고사리, 고속도로, 고등학교, 고향, 고무줄, 고릴라, 고래, 고라니, 고민, 고드름, 고시원, 고구려, 고물 · 고물상, 고생, 고장, 고객, 고개, 고수, 고자질, 고통, 고집 · 고집불통, 고국, 고급 등

(바) 바지, 바나나, 바다, 바구니, 바람, 바지락, 바늘 · 바느질, 바가지, 바퀴, 바퀴벌레, 바닥, 바위, 바게트, 바이올린, 바둑, 바캉스, 바이러스, 바닐라, 바람개비, 바람둥이, 바탕화면, 바자회, 바이킹 등

(이) 이름, 이불, 이발소, 이슬 · 이슬비, 이사, 이모 · 이모부, 이빨, 이야기, 이웃, 이어폰, 이벤트, 이메일, 이탈리아, 이목구비, 이상형, 이혼, 이유, 이별, 이장 · 이장님, 이구아나, 이면지, 이파리, 이해심, 이기심, 이등병, 이론, 이득, 이익, 이심전심, 이윤, 이정표, 이과, 이념, 이치, 이음새 · 이음매 등

(소) 소리, 소금, 소나기, 소고기, 소변, 소파, 소포, 소방서 · 소방차 · 소방관, 소년 · 소녀, 소화기, 소나무, 소화 · 소화제, 소풍, 소라, 소아과, 소지품, 소문, 소원, 소음, 소설, 소꿉놀이, 소용돌이, 소망, 소쩍새, 소식, 소비 · 소비자, 소득, 소란, 소름, 소송, 소독, 소감, 소유 · 소유권, 소량, 소동, 소멸 등

(호) 호떡, 호랑이, 호랑나비, 호루라기, 호박 · 호박씨, 호두 · 호두과자, 호빵, 호떡, 호주, 호텔, 호르몬, 호들갑, 호수, 호남 · 호남지방, 호기심,

호우 · 호우주의, 호감, 호신술, 호미, 호흡, 호출, 호칭, 호통, 호황, 호응, 호적, 호의, 호객, 호평, 호스, 호리병, 호시탐탐 등

동 동물 · 동물원, 동생, 동화책, 동그라미, 동전, 동영상, 동서남북, 동쪽, 동해안, 동대문, 동네, 동메달, 동사무소, 동그랑땡, 동짓날, 동남아, 동백꽃, 동반자, 동아리, 동호회, 동창, 동갑, 동산, 동굴, 동정심, 동요, 동시, 동안, 동상, 동무, 동의보감, 동양, 동의, 동행, 동료, 동맹, 동경, 동심, 동지, 동선 등

장 장갑, 장난감, 장마, 장미, 장바구니, 장롱, 장화, 장독대, 장녀 · 장남, 장조림, 장점, 장어, 장사, 장소, 장모님 · 장인이름, 장관, 장구, 장수풍뎅이, 장애물, 장거리, 장기간, 장학생, 장신구, 장래 · 장래희망, 장군, 장교, 장염, 장례 · 장례식, 장면, 장기, 장부, 장판, 장려상, 장의사, 장단, 장승 등

신 신문, 신부 · 신랑, 신발, 신혼 · 신혼여행 · 신혼부부, 신용 · 신용카드, 신호 · 신호등, 신체 · 신체검사, 신세대, 신제품 · 신상품, 신분 · 신분증, 신경 · 신경질, 신인 · 신입생 · 신입, 신바람, 신세, 신기루, 신라, 신원, 신장개업, 신청, 신뢰, 신앙, 신고, 신화, 신의, 신념, 신소재, 신빙성, 신임 등

경 경찰, 경기도, 경상도, 경복궁, 경제, 경주, 경기 · 경기장, 경치, 경고, 경쟁 · 경쟁심, 경비 · 경비원, 경호 · 경호원, 경품, 경과, 경적, 경험, 경영, 경력, 경계 · 경계선, 경매, 경배, 경조금, 경연, 경향, 경련, 경례, 경유, 경적, 경사, 경청 등

화 화장실, 화장지, 화요일, 화장 · 화장대 · 화장품, 화살표, 화가, 화원 · 화분 · 화초, 화면, 화재, 화성, 화폐, 화풀이, 화물 · 화물차 · 화물선, 화살, 화학, 화환, 화채, 화투, 화음, 화해, 화합, 화병, 화질, 화단, 화로, 화보, 화상, 화약, 화산, 화생방, 화석, 화강암 등

◆ 끝나는 단어 pp. 156~158

(도) 포도, 태권도, 지도, 속도, 태도, 파도, 효도, 온도, 차도, 인도, 국도, 과도, 한도, 경도, 다도, 무도, 유도, 밀도, 명도, 부도, 시도, 기도, 구도, 강도, 궤도, 각도, 독도, 제주도, 울릉도, 대마도, 마라도, 완도, 진도, 경기도, 충청도, 강원도, 전라도, 경상도 등

(장) 신발장, 된장, 쌈장, 고추장, 초장, 옷장, 서랍장, 김장, 교장, 운동장, 시장, 심장, 극장, 도장, 수영장, 정류장, 비행장, 실장, 사장, 회장, 천장, 화장, 훈장, 맹장, 답장, 포장, 찬장, 담장, 가장, 장발장, 대장, 퇴장, 연장, 성장, 보장, 신장, 확장, 분장 등

(자) 감자, 모자, 의자, 사자, 숫자, 국자, 부자, 여자, 남자, 과자, 피자, 글자, 문자, 줄자, 박자, 복분자, 오미자, 구기자, 유자, 결명자, 기자, 그림자, 상자, 흰자 · 노른자, 타자, 혼자, 한자, 강자 · 약자, 삼각자, 맹자, 공자, 승자 · 패자, 이자, 윷자, 제자, 왕자, 풍자, 하자, 초보자, 담당자 등

(학) 수학, 화학, 과학, 지리학, 생물학, 건축학, 법학, 심리학, 의학, 약학, 철학, 화학, 문학, 범죄학, 역학, 방학, 유학, 전학, 입학, 대학, 개학, 재학, 진학, 통학, 퇴학, 휴학 등

(소) 미소, 취소, 청소, 주소, 채소, 염소, 황소 · 젖소, 동사무소, 산소, 장소, 숙소, 세탁소, 시소, 이산화탄소, 코뿔소, 보건소, 휴게소, 발전소, 연구소, 명소, 요소, 질소, 고소, 남녀노소, 독소, 작명소, 수소, 감소, 해소, 효소, 호소, 급소, 빈소, 담소 등

(인) 미인, 부인, 외국인 · 내국인, 군인, 노인, 백인 · 흑인, 성인, 애인, 할인, 주인, 싸인, 골인, 신인, 카페인, 연예인, 외계인, 원시인, 디자인, 캠페인, 확인, 본인 · 타인, 거인 · 소인, 증인, 원인, 위인, 시인, 장인, 죄인, 범인, 지인, 낙인, 봉인, 승인, 직인 · 날인 등

(수) 선수, 세수, 교수, 옥수수, 가수, 국수, 음료수, 생수, 점수, 홍수, 실수, 주짓수, 지하수, 복수, 향수, 짝수 · 홀수, 여수, 육수, 목수, 꼼수, 맹수, 백수, 고수, 우수, 사수, 강수, 궁수, 운수, 누수, 밀수, 보수, 침엽수, 순수, 훈수, 무리수 등

(마) 엄마, 하마, 고구마, 꼬마, 처마, 치마 · 앞치마, 드라마, 아줌마, 이마, 장마, 도마, 파마, 다시마, 불가마, 해마, 걸음마, 경마, 악마, 테마, 목마, 가마, 카리스마, 안마, 승마, 로마, 출마, 숯가마 등

(화) 동화, 장화, 전화, 통화, 운동화, 실내화, 축구화, 수채화, 풍경화, 초상화, 만화, 영화, 생화 · 조화, 국화, 목화, 무궁화, 매화, 수선화, 합리화, 변화, 대화, 진화, 문화, 서양화 · 동양화, 회화, 평화, 신화, 소화, 악화, 심화, 벽화, 점화, 잡화, 노화, 퇴화, 방화, 수화, 온난화 등

(부) 부부 · 신혼부부, 신부, 두부 · 순두부, 공부, 주부, 피부, 이모부, 고모부, 형부, 숙부, 임산부, 갑부, 졸부, 어부, 농부, 흥부 · 놀부, 아부, 복부, 흉부, 가정부, 기부, 할부, 납부, 가계부, 첨부, 내부 · 외부, 사령부, 해부, 우체부, 승부 · 무승부, 명부, 면죄부, 법무부, 국방부, 출석부 등

잠깐! 끝말잇기 활동도 해 보세요!

앞서 나온 단어의 마지막 글자로 시작하는 단어로 이어가세요.

예 나무 → 무지개 → 개미 → 미용실 → 실수 → 수건 → 건포도 → 도라지 → 지구 → 구렁이…

보호자 TIP

보호자는 대상자에게 다음과 같은 도움을 줄 수 있어요.

1. '두 글자 단어로만 말하기' '세 글자 단어로만 말하기' 등 규칙을 정하면 난이도가 높아져요.

2. 쓰기가 가능하다면 쓰기 활동을 함께 할 수 있어요.

3. 자음으로 시작하는 단어

제시된 자음으로 시작하는 단어를 가능한 한 많이 말해 보세요.

예 ㄱ 으로 시작하는 단어

→ 가방, 곰, 고구마, 기차, 고양이, 귤 등

보호자 TIP

보호자는 대상자에게 다음과 같은 도움을 줄 수 있어요.

1. 기준을 정해 보세요.

1) 시간제한 없이 가능한 한 많이 말하기

2) 최소 몇 개 이상 말하기

3) 정해진 시간 동안 가능한 한 많이 말하기

2. 같은 글자로 시작하는 단어만 말한다면, 다른 글자를 제시해 보세요.

예 ㄱ 에서 '가'로 시작하는 단어만 말한다면 '구' '기' '고' 등 다른 글자를 알려주세요.

3. 다양한 받침을 활용하도록 지도해 보세요.

예 가 → '간' '감' '강'

ㄱ

ㄴ

ㄷ

ㄹ

ㅁ

ㅂ

ㅅ

ㅇ

ㅈ

ㅊ

ㅋ

ㅌ

ㅍ

ㅎ

잠깐! 기억력 게임으로 활용해 보세요!

시작하는 자음을 정하고, 두 명 이상이 번갈아가면서 하나씩 단어를 말해 보세요. 내 차례가 되면 처음에 나왔던 단어부터 순서대로 모두 말한 뒤, 다른 단어를 말해 보세요.

예 ㄱ 으로 시작하는 단어

A: 가방

B: 가방, 구슬

A: 가방, 구슬, 개미

B: 가방, 구슬, 개미, 감자

A: 가방, 구슬, 개미, 감자, 공…

제7장
문장 완성

1. 문장 완성하기(기초)
2. 짝이 되는 문장 완성하기
3. 다양한 단어로 문장 완성하기
4. 연결 어미로 연결되는 문장 만들기
5. 접속 부사로 연결되는 문장 만들기

1. 문장 완성하기(기초)

문장의 앞부분을 듣고(보고) 뒷부분을 완성해 보세요(시제는 자연스럽게 변형 가능).

예 눈이 나빠서 안경을 쓰다(썼다, 써야겠다)

보호자 TIP

보호자는 대상자에게 다음과 같은 도움을 줄 수 있어요.

1. 정답을 맞히지 못한다면, 몸짓으로 단서를 제시해 보세요.

   예 눈이 나빠서 안경을 쓰다 → 안경을 쓰는 시늉

2. 시각적으로 보여 줄 수 있는 것은 인터넷에서 그림이나 사진을 찾아 보여주고 질문해 보세요.

   예 눈이 나빠서 안경을 ________

   보호자: 이 사람이 무엇을 하고 있나요? 안경을?

   대상자: 쓰다

3. 정답을 맞히지 못한다면, 첫 글자 단서를 제시해 보세요.

   예 눈이 나빠서 안경을 ________

   보호자: 안경을 쓰-

   대상자: 쓰다

1. 배가 고파서 밥을

2. 영화관에서 영화를

3. 손을 깨끗이

4. 가위로 종이를

5. 물을 벌컥벌컥

6. 발에 양말을

7. 책을 큰 소리로

8. 연필로 글씨를

9. 침대에서 잠을

10. 쓰레기통에 쓰레기를

11 더워서 에어컨을 ________________

12 슬퍼서 엉엉 ________________

13 빗으로 머리를 ________________

14 낙서를 지우개로 ________________

15 창문을 활짝 ________________

16 카메라로 사진을 ________________

17 다리가 아파서 의자에 ________________

18 손톱깎이로 손톱을 ________________

19 샴푸로 머리를 ________________

20 아파서 병원에 ________________

21 가수가 노래를

22 세탁기로 옷을

23 시원한 바람이

24 버스를

25 종이에 그림을

26 공을 발로

27 새가 하늘을

28 이어폰으로 노래를

29 신나서 펄쩍펄쩍

30 추워서 내복을

31 치고 박고

32 돈을 내고 물건을

33 늦잠을 자서 약속 시간에

34 넘어져서 무릎을

35 감나무에서 감을

36 소방관이 불을

37 산책로를 따라

38 화분에 물을

39 장난감을 가지고

40 옷걸이에 옷을

41 상처에 연고를

42 7시에 알람이

43 찌개가 보글보글

44 강아지가 멍멍

45 사과가 빨갛게

46 꽃향기를

47 모기가 팔을

48 더워서 외투를

49 망치로 못을

50 추워서 한강이 꽁꽁

51 아기를 등에

52 약을 먹고 감기가

53 돈가스를 기름에

54 돌부리에 걸려서

55 문을 똑똑똑

56 솥에 감자를

57 신나게 춤을

58 빗자루로 바닥을

59 머리에 헤어스프레이를

60 칫솔에 치약을

61 추워서 이불을

62 비가 와서 신발이

63 닭이 알을

64 더워서 아이스크림이

65 잔디밭에 돗자리를

66 함박눈이 펑펑

67 시냇물이 졸졸졸

68 알약을 꿀꺽

69 가을에 낙엽이

70 우리 가족은 아파트에

71 세배를 하고 세뱃돈을

72 길거리에 침을

73 가려운 곳을

74 우는 아기를

75 돈을 차곡차곡

76 체온계로 열을

77 잃어버렸던 물건을

78 자동차가 빨간불에

79 건조대에 빨래를

80 밤새 무서운 꿈을

81 엉덩방아를

82 벼가 고개를

83 식목일에 나무를

84 지진으로 땅이

85 찬 음식을 따뜻하게

86 엉덩이에 주사를

87 눈이 부셔서 커튼을

88 꽃병에 꽃을

89 다리미로 옷을

90 동전을 지폐로

91 송곳으로 구멍을

92 인터넷에 정보를

93 빌렸던 돈을

94 손을 씻고 수도꼭지를

95 옷에 붙은 먼지를

96 경찰이 도둑을

97 벽에 페인트를

98 군인이 나라를

99 도둑이 담벼락을

100 호미로 감자를

문장 완성하기(기초) [정답]

1 먹다
2 보다
3 씻다 · 닦다
4 자르다
5 마시다
6 신다
7 읽다
8 쓰다
9 자다
10 버리다 · 넣다
11 켜다 · 틀다
12 울다
13 빗다
14 지우다
15 열다
16 찍다
17 앉다
18 깎다 · 자르다
19 감다
20 가다
21 부르다
22 빨다 · 세탁하다
23 불다
24 타다
25 그리다
26 차다
27 날다
28 듣다
29 뛰다 · 달리다
30 입다
31 싸우다
32 사다
33 늦다
34 다치다
35 따다
36 끄다
37 걷다
38 주다
39 놀다
40 걸다
41 바르다
42 울리다
43 끓다
44 짖다
45 익다
46 맡다
47 물다
48 벗다
49 박다
50 얼다
51 업다
52 낫다
53 튀기다
54 넘어지다
55 두드리다
56 찌다
57 추다
58 쓸다
59 뿌리다
60 짜다 ·묻히다

61 덮다
62 젖다
63 낳다 · 품다
64 녹다
65 깔다 · 펴다
66 내리다
67 흐르다
68 삼키다
69 떨어지다 · 지다
70 살다
71 받다
72 뱉다
73 긁다
74 달래다 · 안다
75 모으다 · 쌓다
76 재다
77 찾다
78 멈추다 · 서다
79 널다 · 말리다
80 꾸다
81 찧다
82 숙이다
83 심다
84 흔들리다 · 갈라지다
85 데우다
86 맞다 · 놓다
87 치다
88 꽂다
89 펴다 · 다리다
90 바꾸다 · 교환하다
91 뚫다 · 내다
92 찾다 · 검색하다
93 갚다
94 잠그다
95 털다 · 떼다
96 잡다
97 칠하다
98 지키다
99 넘다
100 캐다

2. 짝이 되는 문장 완성하기

문장의 앞부분을 듣고(보고) 뒷부분을 완성해 보세요.

예 백조는 하얗고 까마귀는 까맣다.

보호자 TIP

문제를 거꾸로도 제시해 보세요.

예 백조는 하얗고 까마귀는 ______ → 까마귀는 까맣고 백조는 ______

1 코끼리는 크고, 개미는 ______

2 토끼는 빠르고, 거북이는 ______

3 낮은 밝고, 밤은 ______

4 깃털은 가볍고, 바위는 ______

5 강아지는 멍멍, 고양이는 ______

6 9월은 가을이고, 4월은 ______

7 바다는 깊고, 산은 ______

8 봄은 따뜻하고, 가을은 ______

9 호수는 깊고, 웅덩이는 ______

10 흥부는 동생이고, 놀부는 ______

11 시장은 시끄럽고, 도서관은 ______

12 여름은 습하고, 겨울은 ______

13 딸기는 빨갛고, 참외는 ______

14 약은 쓰고, 꿀은 ______

15 간장은 짜고, 식초는

16 바나나는 길쭉하고, 사과는

17 동전은 동그랗고, 지폐는

18 복숭아는 과일이고, 배추는

19 세탁기는 가전제품이고, 침대는

20 삼겹살은 고기이고, 고등어는

21 창문은 유리고, 신문은

22 벌은 곤충이고, 독수리는

23 토끼는 초식동물이고, 사자는

24 눈으로 보고, 귀로

25 가위로 자르고, 풀로

26 가을에는 코스모스가 피고, 봄에는

27 양말은 발에 신고, 장갑은

28 목욕탕에서 목욕을 하고, 시장에서

29 식탁에서 밥을 먹고, 책상에서

30 약국에서 약을 사고, 정육점에서

31 경찰은 도둑을 잡고, 소방관은

32 소의 새끼는 송아지, 닭의 새끼는

33 설날에는 세배를 하고, 추석에는 ______

34 안경은 얼굴에 쓰고, 모자는 ______

35 목걸이는 목에 하고, 귀걸이는 ______

36 여름에는 반팔을 입고, 겨울에는 ______

37 낮에는 해가 뜨고, 밤에는 ______

38 요리사는 요리를 하고, 미용사는 ______

39 청소기로 청소하고, 세탁기로 ______

40 연필로 글씨를 쓰고, 지우개로 ______

41 어부는 물고기를 잡고, 농부는 ______

42 광복절은 여름이고, 크리스마스는 ______

43 귀가 안 들릴 땐 보청기를 끼고, 눈이 나쁠 땐 ______

44 여름에는 에어컨을 틀고, 겨울에는 ______

45 입으로 말을 하고, 코로 ______

46 비행기는 하늘을 날고, 배는 ______

47 각도기로 각도를 재고, 자로 ______

48 가수는 노래를 하고, 배우는 ______

49 비누로 손을 씻고, 샴푸로 ______

50 면도기로 수염을 깎고, 칫솔로 ______

짝이 되는 문장 완성하기 [정답]

1. 작다
2. 느리다
3. 어둡다
4. 무겁다
5. 야옹
6. 봄이다
7. 높다
8. 시원하다 · 쌀쌀하다 서늘하다 · 선선하다
9. 얕다
10. 형이다
11. 조용하다
12. 건조하다
13. 노랗다
14. 달다
15. 시다
16. 동그랗다
17. 네모낳다
18. 야채(채소)다
19. 가구다
20. 생선이다
21. 종이다
22. 새(조류)다
23. 육식동물이다
24. 듣는다
25. 붙인다
26. 개나리(벚꽃, 진달래)가 핀다
27. 손에 낀다
28. 물건을 산다 · 장을 본다
29. 공부한다
30. 고기를 산다
31. 불을 끈다
32. 병아리
33. 차례를 지낸다
34. 머리에 쓴다
35. 귀에 한다
36. 긴팔을 입는다
37. 달(별)이 뜬다 · 해가 진다
38. 머리를 자른다
39. 빨래를 한다 · 옷을 빤다
40. 지운다
41. 농사를 짓는다
42. 겨울이다
43. 안경을 낀다(쓴다)
44. 보일러(히터, 난로)를 튼다
45. 숨을 쉰다 · 냄새를 맡는다
46. 바다를 다닌다
47. 길이를 잰다
48. 연기를 한다
49. 머리를 감는다
50. 이를 닦는다 · 양치를 한다

3. 다양한 단어로 문장 완성하기

빈 칸에 들어갈 수 있는 단어를 가능한 한 많이 말해 보세요.

예 **[명사 채우기]**

__________ 을/를 붙이다

→ 불, 우표, 스티커, 자석, 끈끈이, 테이프, 풀, 색종이 등

[동사 · 형용사 채우기]

소리가 __________

→ 나다, 울리다, 맴돌다, 시끄럽다, 크다, 작다 등

소리를 __________

→ 지르다, 키우다, 줄이다, 높이다, 낮추다, 듣다, 내다 등

명사 채우기

1. __________ 을/를 먹다.

2. ____________ 을/를 입다.

3. ____________ 을/를 타다.

4. ____________ 을/를 보다.

5. ____________ 을/를 닦다.

6 ____________ 을/를 쓰다.

7 ____________ 을/를 사다.

8 ____________ 을/를 자르다.

9 ____________ 을/를 켜다.

⑩ ____________ 을/를 깎다.

⑪ ____________ 을/를 열다.

⑫ ____________ 을/를 잡다.

⑬ ____________ 을/를 받다.

⑭ ______________ 을/를 치다.

⑮ ______________ 을/를 잠그다.

⑯ ______________ 을/를 기다리다.

⑰ ______________ 을/를 뽑다.

⑱ ____________ 을/를 불다.

⑲ ____________ 을/를 줄이다.

⑳ ____________ 을/를 하다.

동사 · 형용사 채우기

1 **밥**

밥이 ____________

밥을 ____________

2 **물**

물이 ____________

물을 ____________

3 신발

신발이 ____________

신발을 ____________

4 안경

안경이 ____________

안경을 ____________

5 **옷**

옷이 ____________

옷을 ____________

6 **가방**

가방이 ____________

가방을 ____________

7 머리

머리가 ____________

머리를 ____________

8 선물

선물이 ____________

선물을 ____________

9 꽃

꽃이 ____________

꽃을 ____________

10 친구

친구가 ____________

친구를 ____________

⑪ 돈

돈이 ____________

돈을 ____________

⑫ 집

집이 ____________

집을 ____________

⑬ 기차

기차가 ______________

기차를 ______________

⑭ 아기

아기가 ______________

아기를 ______________

15 날씨

날씨가 ______________

날씨를 ______________

16 목소리

목소리가 ______________

목소리를 ______________

17 먼지

먼지가 ______________

먼지를 ______________

18 냄새

냄새가 ______________

냄새를 ______________

19 벌레

벌레가 ____________

벌레를 ____________

20 분위기

분위기가 ____________

분위기를 ____________

다양한 단어로 문장 완성하기 [참고]

◆ 명사 채우기 pp. 191~196

1 —을/를 먹다.

밥, 국, 김치, 고기, 국수, 떡, 과일, 초콜릿, 케이크, 곶감, 아침, 점심, 저녁, 간식, 야식, 여물, 사료, 귀, 나이, 더위, 골탕, 욕, 애, 겁 등

2 —을/를 입다.

티셔츠, 바지, 점퍼, 코트, 치마, 원피스, 와이셔츠, 속옷, 반팔, 긴팔, 청바지, 반바지, 긴바지, 정장, 양복, 한복, 교복, 앞치마, 손해, 타격 등

3 —을/를 타다.

택시, 버스, 지하철, 자동차, 자전거, 비행기, 기차, 트럭, 오토바이, 유람선, 스케이트, 썰매, 스키, 그네, 산, 용돈, 상, 상금, 상품, 간지럼, 부끄럼, 더위, 추위 등

4 —을/를 보다.

영화, 드라마, 신문, 뉴스, 책, 소설, 텔레비전, 하늘, 달, 별, 아기, 친구, 수능, 끝, 시장, 눈치, 흉, 심판, 망, 맛, 이익, 손해 등

5 —을/를 닦다.

손, 발, 얼굴, 몸, 다리, 팔, 이, 땀, 물기, 눈물, 코피, 식탁, 거울, 창문, 바닥, 컵, 그릇, 접시, 구두, 먼지, 얼룩, 도, 기반 등

6 —을/를 쓰다.

모자, 우산, 안경, 선글라스, 마스크, 글씨, 편지, 일기, 가계부, 독후감, 책, 기사, 소설, 시, 논문, 돈, 머리, 떼, 누명, 바가지, 힘, 감투 등

7 —을/를 사다.

밥, 커피, 옷, 가방, 신발, 책, 휴대폰, 선물, 주식, 집, 자동차, 의심, 원망, 미움 등

⑧ —을/를 자르다.

종이, 색종이, 머리, 과일, 사과, 감, 배, 채소 (야채), 무, 오이, 당근, 국수, 냉면, 고기, 생선, 상표, 밧줄, 줄, 실, 직원, 말 등

⑨ —을/를 켜다.

형광등, 불, 가스레인지, 스위치, 전등, 촛불, 라이터, 텔레비전, 컴퓨터, 에어컨, 휴대폰, 스탠드, 방향등, 시동, 조명, 기지개, 바이올린 등

⑩ —을/를 깎다.

연필, 감자, 사과, 배, 껍질, 손톱, 발톱, 머리, 수염, 가격, 잔디 등

⑪ —을/를 열다.

문, 창문, 상자, 뚜껑, 옷장, 서랍, 냉장고, 가방, 트렁크, 잔치, 동창회, 모임, 회의, 축제, 대회, 입, 마음 등

⑫ —을/를 잡다.

손, 어깨, 멱살, 공, 난간, 모기, 벌레, 약속, 호텔, 택시, 불길, 균형, 마음, 기회, 증거, 범인, 권력, 주도권, 신호, 약점, 흠, 기강, 자리, 발목, 생사람 등

⑬ —을/를 받다.

선물, 편지, 공, 물, 전화, 사은품, 상, 상금, 상품, 뇌물, 연락, 메달, 벌, 과외, 치료, 손님, 눈총, 관심, 부탁, 공격, 사랑, 존경, 만점 등

⑭ —을/를 치다.

피아노, 장구, 배드민턴, 드럼, 당구, 골프, 탁구, 텐트, 가지, 타자, 사고, 시험, 커튼, 모기장, 병풍, 울타리, 거미줄, 밑줄, 양념, 몸서리 등

⑮ —을/를 잠그다.

문, 창문, 서랍, 사물함, 뚜껑, 금고, 단추, 지퍼, 가스 밸브, 수도꼭지, 물, 휴대폰, 자물쇠

⑯ —을/를 기다리다.

친구, 아내, 남편, 아들, 딸, 버스, 택시, 비행기, 기차, 첫차, 막차, 편지, 답장, 대답, 소식, 차례, 순서, 결과 등

⑰ —을/를 뽑다.

잡초, 잔디, 풀, 새치, 머리카락, 털, 코털, 충치, 사랑니, 상추, 배추, 무, 플러그, 제비, 돈(현금), 차, 대통령, 반장, 대표, 직원, 사람, 실밥 등

⑱ —을/를 불다.

바람, 태풍, 입김, 휘파람, 풍선, 피리, 나팔, 트럼펫, 비눗방울, 호루라기, 촛불 등

⑲ —을/를 줄이다.

몸무게, 사이즈, 옷, 바지, 치마, 소매, 길이, 목소리, 음량, 걱정, 육식, 편식, 용돈, 시간, 소비, 씀씀이, 일손 등

⑳ —을/를 하다.

세수, 양치, 목욕, 말, 기침, 딸꾹질, 쇼핑, 도둑질, 야구, 축구, 연주, 예약, 발전, 우승, 칭찬, 이사, 감시, 반품, 교환, 치료, 장사, 정치, 컴퓨터, 결혼 등

◆ 동사 · 형용사 채우기 pp. 197~206

① 밥

밥이: 뜨겁다, 차갑다, 맛있다, 맛없다, 찰지다, 되다, 질다, 남다, 모자라다(부족하다), 타다, 끓다, 쉬다 등

밥을: 먹다, 사다, 짓다, 데우다, 버리다, 남기다, 비우다, 치우다, 주다, 담다, 푸다 등

② 물

물이: 끓다, 얼다, 깊다, 얕다, 차다, 뜨겁다, 미지근하다, 식다, 넘치다, 새다, 흐르다, 깨끗하다, 맑다, 고이다, 오염되다, 탁하다 등

물을: 마시다, 끓이다, 받다, 뜨다, 담다, 버리다, 사다, 주다, 아끼다, 섭취하다, 뿌리다, 붓다, 끼얹다 등

③ 신발

신발이: 크다, 작다, 맞다, 예쁘다, 깨끗하다, 더럽다, 싸다, 비싸다, 낡다, 젖다, 마르다, 편하다, 불편하다, 닳다, 헤지다, 늘어나다 등

신발을: 신다, 벗다, 빨다, 사다, 팔다, 버리다, 밟다, 정리하다, 고르다, 잃어버리다 등

④ 안경

안경이: 싸다, 비싸다, 깨지다, 더럽다, 깨끗하다, 필요하다, 편하다, 불편하다, 무겁다, 가볍다 등

안경을: 쓰다, 맞추다, 사다, 닦다, 고르다, 구경하다, 보관하다, 찾다, 잃어버리다 등

⑤ 옷

옷이: 크다, 작다, 맞다, 얇다, 두껍다, 따뜻하다, 가볍다, 무겁다, 깨끗하다, 더럽다, 예쁘다, 멋지다, 화려하다, 많다, 적다, 줄어들다, 늘어나다, 찢어지다, 낡다, 젖다, 마르다, 편하다, 불편하다, 어울리다 등

옷을: 입다, 벗다, 사다, 팔다, 버리다, 빨다, 걸다, 널다, 말리다, 다리다, 개다, 정리하다, 갈아입다, 걸치다, 고르다, 판매하다, 구매하다, 구입하다, 선물하다, 꿰매다, 털다 등

⑥ 가방

가방이: 무겁다, 가볍다, 크다, 작다, 싸다, 비싸다, 필요하다, 찢어지다, 튼튼하다 등

가방을: 메다, 들다, 싸다, 챙기다, 열다, 닫다, 사다, 팔다, 고르다, 빨다, 정리하다, 맡기다, 잃어버리다, 꿰매다 등

⑦ 머리

머리가: 아프다, 어지럽다, 무겁다, 맑다, 좋다, 나쁘다, 크다, 작다, 길다, 짧다, 똑똑하다, 멍청하다, 헝클어지다, 덥수룩하다, 지끈거리다, 세다 등

머리를: 빗다, 감다, 자르다, 묶다, 기르다, 깎다, 밀다, 염색하다, 만지다, 긁다, 박다, 부딪히다, 찧다, 흔들다, 숙이다, 치다, 때리다, 끄덕이다, 쓰다듬다 등

⑧ 선물

선물이: 크다, 작다, 좋다, 싫다, 도착하다, 오다, 부담스럽다, 만족스럽다, 궁금하다 등

선물을: 주다, 받다, 사다, 포장하다, 고르다, 계산하다, 준비하다, 보내다, 고민하다, 바라다, 기대하다, 추천하다, 기다리다, 전달하다 등

⑨ 꽃

꽃이: 피다, 지다, 시들다, 떨어지다, 좋다, 싫다, 예쁘다, 아름답다, 향기롭다, 곱다, 화려하다, 만발하다, 만개하다 등
꽃을: 주다, 받다, 사다, 팔다, 심다, 꺾다, 뽑다, 키우다, 가꾸다, 보다, 고르다, 담다, 선물하다 등

⑩ 친구

친구가: 있다, 없다, 좋다, 싫다, 많다, 되다, 오다, 가다, 지나가다, 소중하다, 그립다, 부럽다, 똑똑하다, 자랑스럽다 등
친구를: 사귀다, 만나다, 기다리다, 보다, 부르다, 때리다, 찾다, 잃다, 돕다, 놀리다, 소개하다, 속이다, 위로하다, 격려하다, 따돌리다, 배신하다 등

⑪ 돈

돈이: 있다, 없다, 많다, 남다, 적다, 모자라다, 부족하다, 충분하다, 넘치다, 필요하다, 생기다, 들다, 아깝다 등
돈을: 내다, 쓰다, 벌다, 주다, 받다, 빌리다, 갚다, 줍다, 찾다, 잃어버리다, 보내다, 저금하다, 저축하다, 아끼다, 낭비하다, 투자하다 등

⑫ 집

집이: 넓다, 좁다, 깨끗하다, 더럽다, 비싸다, 싸다, 있다, 없다, 생기다, 조용하다, 시끄럽다, 따뜻하다, 춥다, 썰렁하다, 비다, 무너지다, 웅장하다, 초라하다 등
집을: 사다, 팔다, 짓다, 치우다, 청소하다, 정리하다, 꾸미다, 가꾸다, 옮기다, 이사하다, 구하다, 장만하다, 마련하다, 지키다, 떠나다, 나서다, 수리하다, 보수하다 등

⑬ 기차

기차가: 빠르다, 느리다, 길다, 가다, 달리다, 멈추다, 떠나다, 지나가다, 출발하다, 도착하다, 시끄럽다, 조용하다, 연착하다 등
기차를: 타다, 놓치다, 기다리다, 예매하다, 이용하다, 갈아타다, 정비하다, 수리하다 등

⑭ 아기

아기가: 울다, 웃다, 자다, 깨다, 일어나다, 귀엽다, 예쁘다, 작다, 크다, 놀다, 먹다, 기다, 서다, 걷다, 건강하다, 아프다, 순하다, 칭얼대다, 떼쓰다 등

아기를: 낳다, 키우다, 안다, 업다, 보다, 돌보다, 재우다, 깨우다, 부르다, 달래다, 품다, 가지다 등

⑮ 날씨

날씨가: 좋다, 나쁘다, 덥다, 춥다, 맑다, 흐리다, 화창하다, 따뜻하다, 포근하다, 서늘하다, 건조하다, 습하다, 쾌청하다, 오락가락하다, 변덕스럽다, 풀리다 등

날씨를: 즐기다, 알아보다, 예측하다, 예보하다, 가늠하다, 고려하다 등

⑯ 목소리

목소리가: 크다, 작다, 예쁘다, 맑다, 곱다, 높다, 낮다, 잠기다, 쉬다, 변하다, 우렁차다, 떨리다, 들리다, 울리다, 갈라지다, 걸걸하다, 매력적이다 등

목소리를: 듣다, 가다듬다, 줄이다, 낮추다, 높이다, 깔다, 녹음하다, 내다 등

⑰ 먼지

먼지가: 많다, 적다, 있다, 없다, 더럽다, 쌓이다, 앉다, 나다, 날리다, 흩날리다, 들어오다, 증가하다, 감소하다, 가득하다, 수북하다, 자욱하다 등

먼지를: 쓸다, 닦다, 버리다, 털다, 치우다, 줍다, 모으다, 제거하다, 빨아들이다, 일으키다, 뒤집어쓰다 등

⑱ 냄새

냄새가: 나다, 좋다, 나쁘다, 심하다, 독하다, 베다, 퍼지다, 빠지다, 오래가다, 향긋하다, 지독하다, 고약하다, 고소하다, 비리다, 시큼하다, 역하다, 진하다, 가득하다 등

냄새를: 맡다, 풍기다, 없애다, 빼다, 잡다, 참다, 제거하다, 방지하다, 차단하다, 유발하다 등

⑲ 벌레

벌레가: 물다, 기어가다, 날아가다, 무섭다, 징그럽다, 생기다, 나오다, 나타나다, 사라지다, 꿈틀거리다, 들끓다, 우글대다, 출몰하다, 번식하다 등

벌레를: 잡다, 죽이다, 없애다, 치다, 쫓다, 놓치다, 키우다, 제거하다, 퇴치하다, 박멸하다 등

⑳ 분위기

분위기가: 좋다, 나쁘다, 편하다, 불편하다, 조용하다, 어색하다, 이상하다, 밝다, 어둡다, 가볍다, 무겁다, 적막하다, 고요하다, 차갑다, 썰렁하다, 아늑하다, 색다르다, 숙연하다, 서먹하다, 살벌하다, 고조되다 등

분위기를: 즐기다, 느끼다, 바꾸다, 전환하다, 풍기다, 흐리다, 망치다, 띄우다, 가라앉히다, 살리다, 돋우다, 만끽하다, 파악하다, 주도하다 등

4. 연결 어미로 연결되는 문장 만들기

연결 어미란?

앞의 내용(선행절)과 뒤의 내용(후행절)의 관계를 나타내는 기능을 합니다.

문장의 앞부분을 듣고(보고) 제시된 문장에 이어질 말을 완성해 보세요.

예 동시: 영화를 보면서 팝콘을 먹었다.

순서: 주유소에서 기름을 넣고 세차를 했다.

전환: 약속을 잡으려다가 집에서 쉬기로 했다.

이유 · 원인: 새벽에 축구 경기를 봐서 하루 종일 피곤하다.

조건: 늦지 않게 가려면 서둘러 준비해야 한다.

목적: 여행을 가려고 비행기표를 예매했다.

양보: 아무리 피곤하더라도 씻고 자야 한다.

보호자 TIP

보호자는 대상자에게 다음과 같은 도움을 줄 수 있어요.

1. 정답을 맞히지 못한다면, 몇 가지 예시를 들며 질문해 보세요.

   예 영화를 보면서 ______________

   "'영화를 보면서 팝콘을 먹다' '영화를 보면서 크게 웃다'와 같이 영화를 보면서 무엇을 할 수 있나요?"라고 질문해 보세요.

2. 제시된 문제 외에 일상생활 또는 개인적으로 많이 하는 활동을 넣어 문제를 만들어 보세요.

동시: -(으)면서, -(으)며, -자, -자마자

1 아침에 일어나자마자

2 집 밖을 나오자마자

3 친구와 얘기를 하면서

4 선풍기 바람을 쐬면서

5 침대에 눕자마자

6 노래를 들으면서

7 주문한 음식이 나오자마자

8 바깥 풍경을 보면서

9 공항에 도착하자마자

10 불꽃 축제가 시작되자

순서: -고, -아서/-어서

1 아침에 일어나서 물을 마시고

2 샤워 후 물기를 닦고

3 집에 와서 옷을 갈아입고

4 병원에서 진료를 받고

5 식사 후 설거지를 하고

6 은행에 가서 돈을 뽑고

7 조퇴를 하고

8 퇴근 후 운동을 하고

9 프라이팬에 기름을 두르고

10 태풍이 온다는 소식을 듣고

전환: -다가, -다

1 치킨을 먹으려다가

2 집까지 걸어가려다가

3 서울에서 살다가

4 계단으로 올라가려다가

5 약속을 미루려다가

6 반품을 하려다가

7 먹구름이 몰려오다가

8 거짓말을 하려다가

9 일찍 자려다가

10 참견하려다가

이유 · 원인: -아서/-어서, -(으)니, -(으)니까, -(으)므로

1 목이 따갑고 열이 나서

2 가족이 보고 싶어서

3 고속도로가 막혀서

4 정전이 되어서

5 식당의 대기 줄이 길어서

6 오늘은 5일장이 열리므로

7 시간이 남아서

8 평일에 열심히 일했으니까

9 오늘은 회의가 있으므로

10 자꾸 잔소리를 들으니까

조건: -(으)면, -(으)려면, -아야/-어야

1 살을 빼려면

2 비가 그치면

3 잠을 이겨내려면

4 새해가 되면

5 사람들과 친해지려면

6 부자가 되려면

7 면역력을 높이려면

8 월급이 오르면

9 환경을 보호하려면

10 삶의 질을 높이려면

목적: -(으)러, (-으)려고, -도록, -게

1. 이사를 가려고

2. 예방접종을 하러

3. 제시간에 도착하도록

4. 내일 날씨를 확인하려고

5. 콘서트에 가려고

6. 영양 보충을 하려고

7 일회용품 사용을 줄이려고

8 후회하지 않도록

9 긴장하지 않도록

10 좋은 인상을 남기려고

양보: -아도/-어도, -(으)ㄹ지라도, -더라도

1 주말에 비가 오더라도

2 아무리 급하더라도

3 짜증이 나더라도

4 선물이 마음에 안 들어도

5 아무리 돈이 많아도

6 공부를 못 하더라도

7 의견이 안 맞더라도

8 시간이 오래 걸려도

9 나이가 어릴지라도

10 무모해 보일지라도

5. 접속 부사로 연결되는 문장 만들기

접속 부사란?

앞의 문장의 내용과 이어지도록 뒤의 문장을 꾸며주는 기능을 합니다.

제시된 문장을 듣고(보고) 접속 부사의 의미에 맞도록 이어지는 문장을 만들어 보세요. 가능하면 구체적이고 긴 문장으로 만들어 보세요.

예 야근을 했다.

그래서: 너무 피곤하다.

그런데: 아직도 할 일이 많다.

왜냐하면: 내일 회의가 있기 때문이다.

접속 부사 언제 쓰나요?

그래서: 앞의 내용이 뒤의 내용의 원인이나 근거, 조건 따위가 될 때 쓰는 접속 부사

그런데: 화제를 앞의 내용과 관련시키면서 다른 방향으로 이끌어 나갈 때 쓰는 접속 부사

왜냐하면: 왜 그러냐 하면(이유)

▶ 출처: 표준국어대사전

1 감기에 걸렸다.

그래서

그런데

왜냐하면

2 방이 더럽다.

그래서

그런데

왜냐하면

3 머리를 잘랐다.

그래서

그런데

왜냐하면

4 친구를 만났다.

그래서

그런데

왜냐하면

5 버스를 탔다.

그래서

그런데

왜냐하면

6 카페에 갔다.

그래서

그런데

왜냐하면

7 약속이 취소됐다.

그래서

그런데

왜냐하면

8 선물을 받았다.

그래서

그런데

왜냐하면

9 손님이 왔다.

그래서

그런데

왜냐하면

10 복권을 샀다.

그래서

그런데

왜냐하면

11 세차를 했다.

그래서

그런데

왜냐하면

12 새 안경을 맞췄다.

그래서

그런데

왜냐하면

13 사랑니를 뽑았다.

그래서

그런데

왜냐하면

14 막차를 놓쳤다.

그래서

그런데

왜냐하면

15 살이 쪘다.

그래서

그런데

왜냐하면

16 케이크를 샀다.

그래서

그런데

왜냐하면

17 산사태가 났다.

그래서

그런데

왜냐하면

18 오늘은 바쁜 하루다.

그래서

그런데

왜냐하면

19 자다가 새벽에 깼다.

그래서

그런데

왜냐하면

20 기분이 좋지 않다.

그래서

그런데

왜냐하면

21 택배를 보내야 한다.

그래서

그런데

왜냐하면

22 환불을 해야 한다.

그래서

그런데

왜냐하면

23 휴대폰 수리를 맡겼다.

그래서

그런데

왜냐하면

24 주말에 결혼식장에 다녀왔다.

그래서

그런데

왜냐하면

25 이번 주 금요일에 외래 예약이 있다.

그래서

그런데

왜냐하면

26 마트에 갔는데 지갑이 없다.

그래서

그런데

왜냐하면

27 애완동물을 키우게 됐다.

그래서

그런데

왜냐하면

28 친구가 돈을 빌려 달라고 부탁한다.

그래서

그런데

왜냐하면

29 사람들이 길게 줄을 서있다.

그래서 ______________________

그런데 ______________________

왜냐하면 ______________________

30 고급 레스토랑에서 식사를 했다.

그래서 ______________________

그런데 ______________________

왜냐하면 ______________________

제8장

그림 설명하기

그림을 가능한 한 자세하게 설명해 보세요. 단어로 표현하거나, 가능하다면 문장으로 말해 보세요.

보호자 TIP

보호자는 대상자에게 다음과 같은 도움을 줄 수 있어요.

1. 문장으로 말하기가 어렵다면 단어로 표현할 수 있도록 지도해 보세요. 또는 단서를 제시해 보세요.

예 화장실 그림에서

보호자: (비누를 가리키며) 이것은 무엇인가요?

단서 1 손을 씻을 때 쓰고, 거품이 나요.

단서 2 '비'로 시작해요.

2. 문장으로 말할 수 있는데도 단어 또는 단답으로만 표현한다면, 문장으로 말할 수 있도록 유도해 보세요.

예 '비누'만 말했다면, '비누로 어떻게 하고 있나요?' 라고 질문을 하여 '비누로 씻어요.' 등의 문장으로 완성할 수 있도록 지도해 주세요.

3. 문장을 확장시킬 수 있도록 '누가' '언제' '어디서' '어떻게' '무엇을' '왜' 등의 질문을 해 보세요.

예 대상자: 비누로 씻어요.

보호자: 누가 씻어요? 무엇을 씻어요?

대상자: 아빠(누가)가 비누로 손(무엇)을 씻어요.

4. 특정 단어를 넣어 문장을 만들도록 지도해 보세요.

예 보호자: '깨끗하게'를 넣어서 문장을 만들어 보세요.

대상자: 손을 깨끗하게 씻어요.

5. 인물에 대해서만 설명한다면 배경, 사물 등 주변 환경에 대해서도 설명하도록 지도해 보세요.

화장실

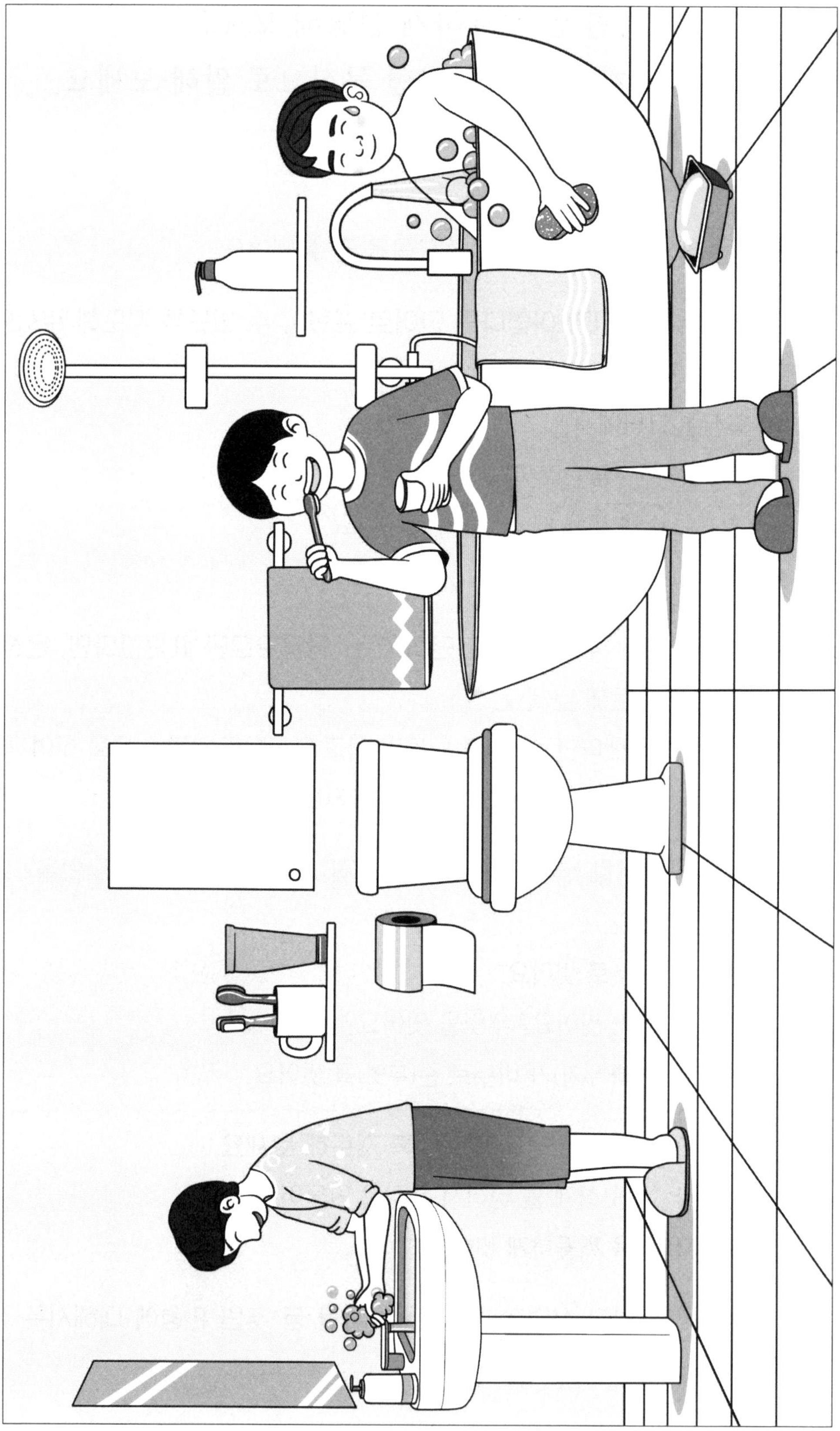

식사 시간

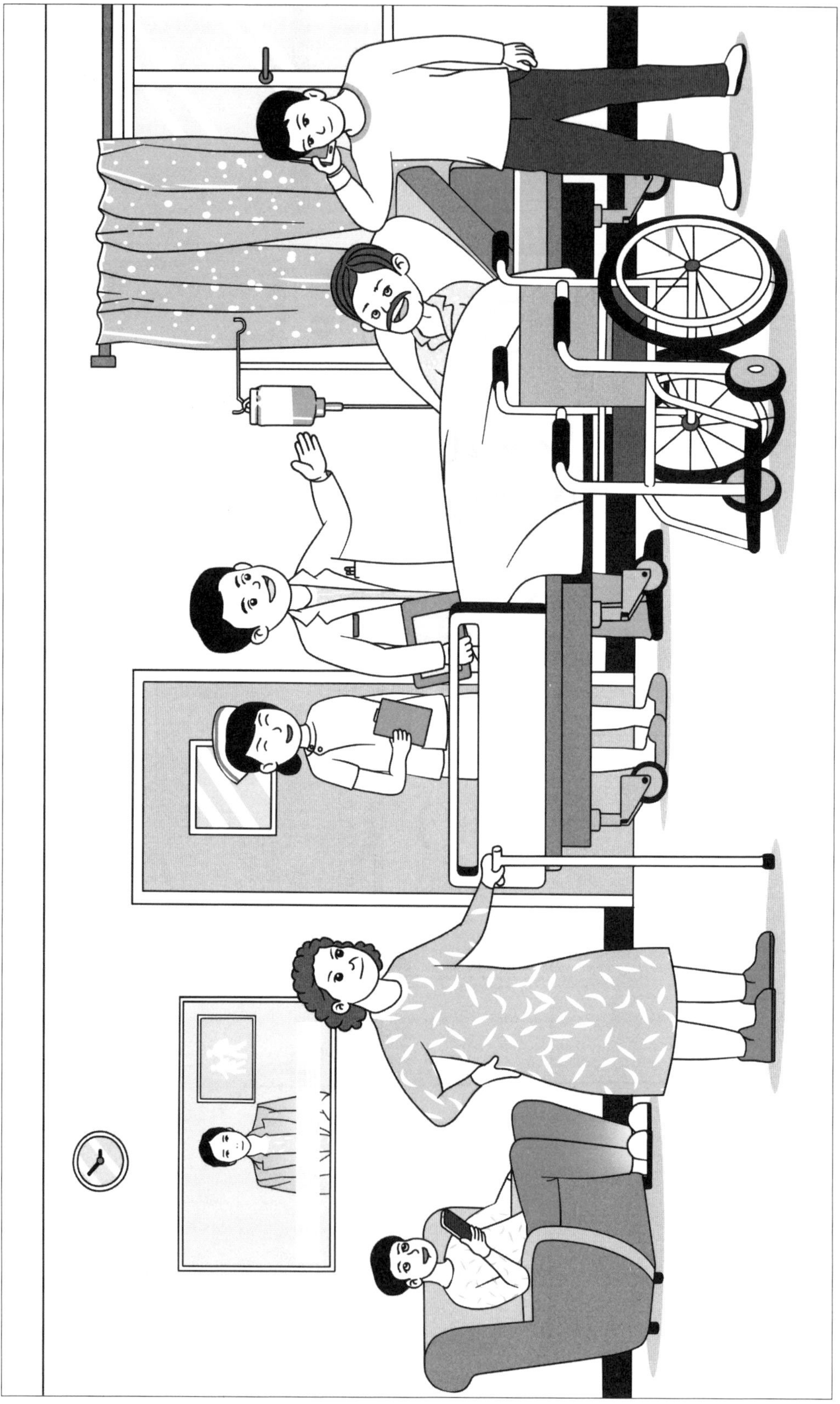

마트

길거리

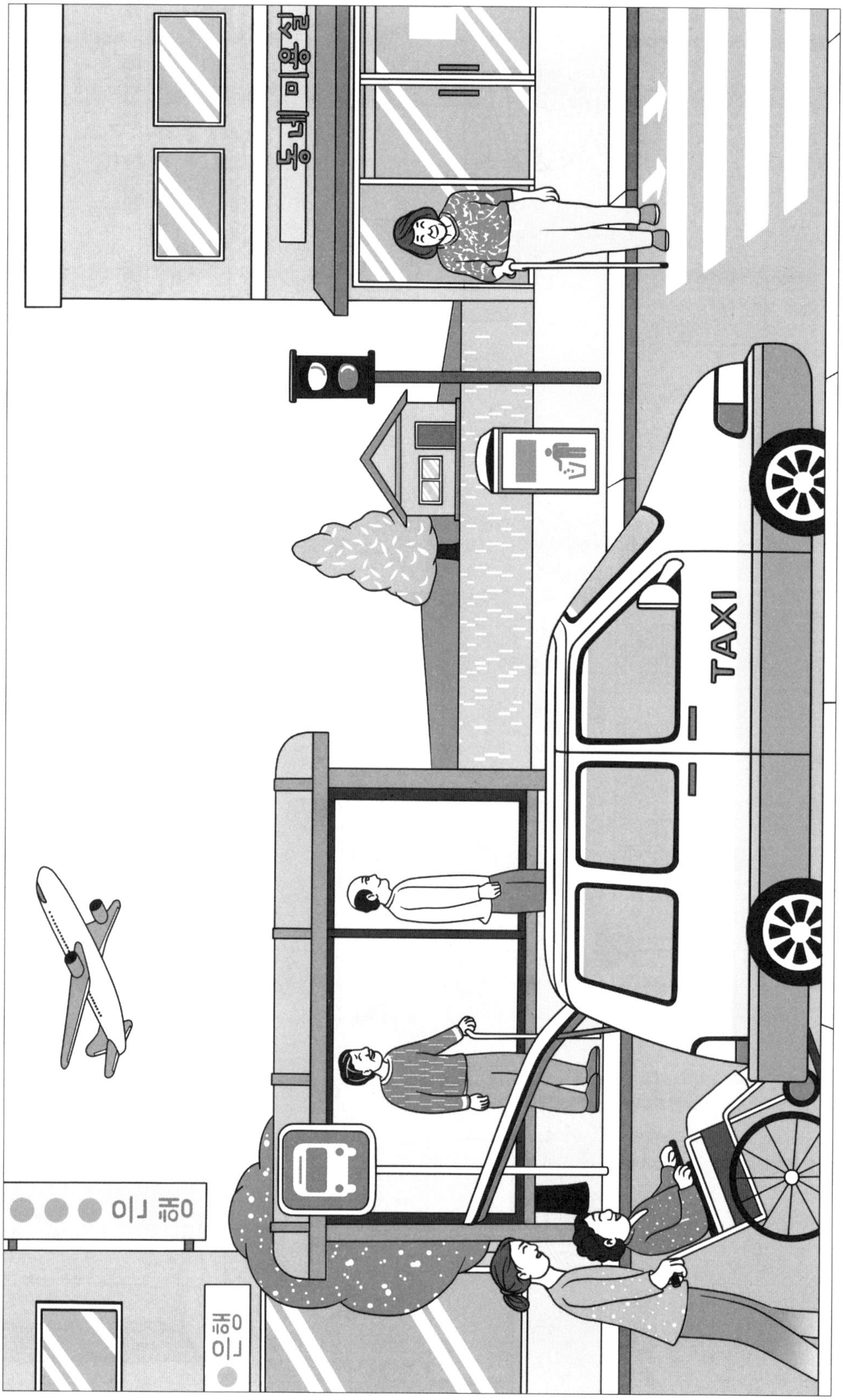

공원

거실

방

백화점

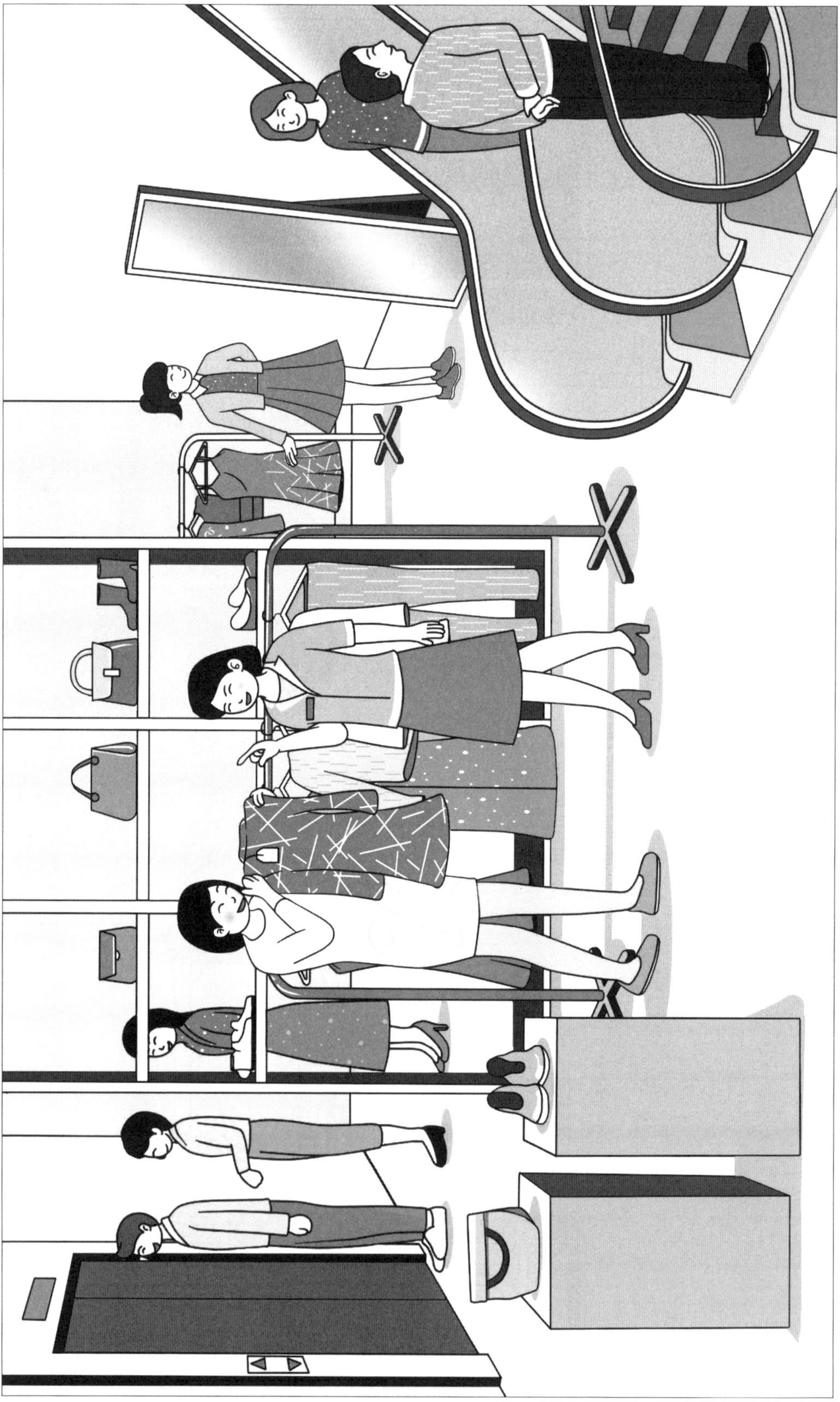

지하철

그림 설명하기 [단어 목록]

◆ 화장실 p. 240

- 욕조－물－샤워하다－목욕하다
- 칫솔－치약－컵－양치하다－이를 닦다
- 세면대－비누－손을 씻다
- 수건－닦다
- 거울－보다
- 샴푸－머리－감다
- 변기－휴지

◆ 식사 시간 p. 241

- 엄마－아빠－아들－딸－가족
- 냄비－요리－들다－옮기다
- 물－마시다
- 식탁－밥－국－김치－반찬－숟가락－젓가락
- 부엌－싱크대－냉장고－가스레인지－냄비－끓다
- 칼－도마－야채－썰다－요리하다

◆ 병실 p. 242

- 환자－침대－눕다
- 의사－간호사－문진하다
- 보호자－휴대폰－전화하다－통화하다
- 휠체어
- 할머니－지팡이－걷다
- 남자－텔레비전(TV)－보다
- 창문－커튼－치다/걷다

◆ 마트 p. 243

- 여자－카트－물건－담다－끌다
- 남자－계산대－물건－사다－올려놓다
- 직원－계산하다
- 여자－바구니－물건－고르다
- 남자－먹다－시식하다
- 과일(수박, 바나나, 사과)－우유－물－빵－해산물(생선, 오징어, 꽃게)

◆ 길거리 p. 244

- 택시－휠체어－타다

- 버스정류장–사람들–버스–기다리다–서있다
- 지팡이–짚다–횡단보도–신호등–건너다
- 하늘–비행기–날아가다
- 은행–돈–통장–카드–입금/출금하다
- 미용실–머리–자르다–파마하다–염색하다
- 집–나무–쓰레기통

◆ 공원 p. 245

- 사람들–달리다/뛰다–조깅하다–운동하다
- 엄마–아기–유모차–끌다/밀다
- 아저씨–강아지/개–산책하다–걷다
- 여자–자전거–타다
- 아이들–농구하다
- 하늘–새–날다
- 벤치–앉다–쉬다
- 화장실–운동기구–건물–나무–해

◆ 거실 p. 246

- 아빠–청소기–바닥–청소하다
- 엄마–텔레비전(TV)–보다–리모컨–누르다–소파–앉다
- 아이들–장난감–놀다
- 벽–액자–가족사진–걸다
- 탁자–과일–놓다
- 옷걸이–옷–모자–걸다
- 시계–화분

◆ 방 p. 247

- 남자–침대–눕다–자다
- 베개–베다–이불–덮다
- 남자–옷장–옷–입다–갈아입다
- 여자–책–읽다–의자–앉다
- 책상–컴퓨터(모니터)–간식(과자)
- 책꽂이–책–꽂다
- 게시판–메모지–붙다
- 창문–커튼–치다/걷다

◆ 백화점 p. 248

- 손님(고객)–옷–고르다
- 여자–거울–입다–보다
- 가방–신발–옷–진열하다
- 엘리베이터–사람들–기다리다
- 에스컬레이터–올라가다–내려가다

◆ 지하철 p. 249

- 사람들–자리–앉다
- 남자–휴대폰–전화하다–손잡이–잡다
- 노약자석–할머니–앉다
- 남자–졸다/자다
- 여자–노래–이어폰–듣다
- 연인(커플)–얘기하다
- 노약자석–임산부–앉다
- 여자–휴대폰–보다–손잡이–잡다

제9장

문장 산출

1. 의성어 · 의태어 넣어 문장 만들기
2. 제시된 단어로 문장 만들기
3. 공통점 · 차이점 설명하기
4. 낱말 정의하기
5. 속담 완성 및 뜻풀이

1. 의성어 · 의태어 넣어 문장 만들기

제시된 의성어 · 의태어를 넣어 문장을 만들어 보세요.

예 뭉게뭉게

→ 하늘에 구름이 뭉게뭉게 피어오르다.

보호자 TIP

대상자가 어려워 한다면, 각 표현이 어떤 상황에서 쓰이는지 설명해 보세요.

예 뭉게뭉게: 연기나 구름이 피어오르는 모양

1 콸콸

2 냠냠

3 반짝반짝

4 꿀꺽꿀꺽

5 꾸벅꾸벅

6 콜록콜록

7 꼬르륵

8 짹짹

9 멍멍

10 주룩주룩

11 털썩

⑫ 으슬으슬

⑬ 뚜벅뚜벅

⑭ 보글보글

⑮ 두근두근

⑯ 투덜투덜

⑰ 싹둑

⑱ 따르릉

19 부슬부슬

20 또박또박

21 지글지글

22 살금살금

23 두리번두리번

24 시름시름

25 첨벙첨벙

㉖ 주렁주렁

㉗ 울퉁불퉁

㉘ 헐레벌떡

㉙ 갈팡질팡

㉚ 시끌벅적

2. 제시된 단어로 문장 만들기

단어를 듣고(보고) 해당 단어가 들어가도록 문장을 만들어 보세요(어간/어미 변형 가능).

예 **[한 단어]** 장마

→ 장마가 와서 빨래가 잘 마르지 않는다.

[두 단어] 딸기, 시장

→ 딸기를 사러 시장에 갔다(갈 것이다, 갔다 왔다, 가셨다 등).

[세 단어] 눈, 많이, 느리다

한 문장으로 완성하기 어렵다면, 문장을 나누어서 완성해 보세요.

→ 밤새 눈이 많이 와서 수북하게 쌓였다. 그래서 도로에 차들이 느리게 간다.

한 단어

명사

1 어젯밤

2 구름

3 몸무게

4 사진

5 연휴

6 좌회전

7 목소리

8 환경오염

9 이름

⑩ 고민

동사

① 도와주다

② 떠들다

③ 배우다

④ 계산하다

⑤ 찾다

6 바꾸다

7 자랑하다

8 망가지다

9 어울리다

10 응원하다

형용사

1 안타깝다

2 힘들다

3 귀찮다

4 고맙다

5 푸르다

6 친절하다

7 이상하다

8 재미있다

9 신선하다

10 아름답다

두 단어

1 휴게소, 맛있다

2 음악, 상쾌하다

3 첫인상, 모르다

4 조심스럽게, 관심

5 나이, 관계

6 현금, 공짜

7 하늘, 희망

8 전기세, 덥다

9 잠깐, 다치다

10 드라마, 토요일

11 최근, 시간

12 베란다, 채우다

13 빵, 충분하다

⑭ 골목, 들르다

⑮ 벌써, 버리다

⑯ 매우, 창밖

⑰ 드디어, 배우다

⑱ 약간, 교환하다

19 건강, 노력하다

20 기회, 열심히

세 단어

1 외식, 부재중, 보관하다

2 화장실, 사다, 터미널

3 축제, 많다, 게다가

4 방법, 유명하다, 자꾸

5 넥타이, 취소하다, 갑자기

6 불쾌하다, 위생, 손님

7 대화, 걱정하다, 가끔

8 벚꽃, 도시락, 부지런하다

9 주차장, 먼지, 출발하다

10 반찬, 부드럽다, 나누다

11 버스, 등산, 어둡다

12 주변, 예약하다, 다시

13 자연, 넓다, 움직이다

14 농담, 기분, 일하다

15 도시, 조용하다, 왜

16 모임, 평일, 궁금하다

17 동생, 구경하다, 중요하다

18 주변, 둘러보다, 초조하다

19 곰팡이, 절약하다, 너무

20 특별하다, 행복, 또

3. 공통점 · 차이점 설명하기

제시된 두 단어의 공통점과 차이점을 설명해 보세요.

예 사과–바나나

공통점: 과일이다. 먹는 것이다. 껍질이 있다.

차이점: 사과는 빨갛고 바나나는 노랗다. 사과는 동그랗고 바나나는 길쭉하다.

보호자 TIP

대상자가 어려워 한다면, 공통점 또는 차이점을 먼저 설명해 주고 반대로 질문해 보세요.

예 사과–바나나

보호자: 사과와 바나나의 공통점은 과일이에요.
그런데 모양이 달라요, 어떻게 다르죠?
그런데 색깔이 달라요, 어떻게 다르죠?

1. 텔레비전–라디오

공통점:

차이점:

2 설탕-소금

공통점:

차이점:

3 숟가락-젓가락

공통점:

차이점:

4 베개-이불

공통점:

차이점:

5 휴대폰-전화기

공통점:

차이점:

6 청소기-세탁기

공통점:

차이점:

7 장갑–목도리

공통점:

차이점:

8 귀걸이–목걸이

공통점:

차이점:

9 해–달

공통점:

차이점:

10 신발장–옷장

공통점:

차이점:

11 냉장고–전자레인지

공통점:

차이점:

⑫ 축구–농구

공통점:

차이점:

⑬ 연필–볼펜

공통점:

차이점:

⑭ 화장지–물티슈(물수건)

공통점:

차이점:

⑮ 안경–선글라스

공통점:

차이점:

⑯ 우산–양산

공통점:

차이점:

17 택시-버스

공통점:

차이점:

18 컴퓨터-노트북

공통점:

차이점:

19 양말-신발

공통점:

차이점:

20 병원-약국

공통점:

차이점:

21 자전거-오토바이

공통점:

차이점:

22 의자-휠체어

공통점:

차이점:

23 선풍기-부채

공통점:

차이점:

24 동전-지폐

공통점:

차이점:

25 샴푸-린스

공통점:

차이점:

26 항구-공항

공통점:

차이점:

27 바지–치마

공통점:

차이점:

28 칫솔–치약

공통점:

차이점:

29 지진–홍수

공통점:

차이점:

30 천둥–번개

공통점:

차이점:

31 떡–빵

공통점:

차이점:

32 물-음료수

공통점:

차이점:

33 산-바다

공통점:

차이점:

34 설날-추석

공통점:

차이점:

35 운동화-슬리퍼

공통점:

차이점:

36 젤리-사탕

공통점:

차이점:

37 피아노–기타

공통점:

차이점:

38 아파트–주택

공통점:

차이점:

39 물감–색연필

공통점:

차이점:

40 눈–비

공통점:

차이점:

41 주사–약

공통점:

차이점:

42 현금–카드

공통점:

차이점:

43 이어폰–스피커

공통점:

차이점:

44 된장–고추장

공통점:

차이점:

45 사진–그림

공통점:

차이점:

46 식혜–수정과

공통점:

차이점:

47 고등학교–대학교

공통점:

차이점:

48 저금통–통장

공통점:

차이점:

49 가로등–손전등

공통점:

차이점:

50 비행기–헬리콥터

공통점:

차이점:

4. 낱말 정의하기

낱말 정의하기란?

낱말 정의하기란 해당 단어가 무엇을 의미하는지 뜻을 설명하는 활동입니다. 이 활동을 통해 어휘, 문법, 정의하기에 대한 개념을 포괄적으로 학습할 수 있습니다.

제시된 단어를 구체적으로 정의해 보세요. 단, 제시된 단어가 포함되지 않게 설명해 보세요. 사전을 만든다고 생각해 보세요.

예 마이크: 목소리를 크게 해주는 도구로, 주로 사회자나 가수가 사용하는 것

보호자 TIP

보호자는 대상자에게 다음과 같은 도움을 줄 수 있어요.

1. 대상자가 단어를 불충분하게 설명했다면, 부가적인 질문을 하여 구체적으로 표현할 수 있도록 지도해 보세요.

   예 마이크

   대상자: 가수가 사용하는 것

   보호자: 마이크는 어떤 기능이 있나요?

   대상자: 목소리를 크게 해 줘요.

2. 제시된 문제 외에 주변의 사물이나 책에 나온 단어 등으로 정의하기 활동을 할 수 있어요.

1. 수건:

2. 옷걸이:

3. 칼:

4. 비누:

5. 가방:

6. 주전자:

7. 면도기:

8. 연필:

9. 지갑:

10. 포크:

11 주걱:

12 내복:

13 모기:

14 빗자루:

15 바늘:

16 달력:

17 리모컨:

18 허리띠:

19 단추:

20 앞치마:

21 감기:

22 계단:

23 횡단보도:

24 보조개:

25 공항:

26 장마:

27 편의점:

28 책갈피:

29 미술관:

30 엘리베이터:

31 돋보기:

32 면봉:

33 보일러:

34 기상청:

35 초인종:

36 발자국:

37 가뭄:

38 박수:

39 화분:

40 영양제:

41 조미료:

42 추석:

43 향수:

44 해돋이:

45 설날:

46 악수:

47 그저께:

48 일몰:

49 살충제:

50 영수증:

51 고속도로:

52 방충망:

53 소화기:

54 바퀴:

55 등대:

56 환풍기:

57 안전모:

58 땀:

59 간식:

60 육교:

61 마네킹:

62 휠체어:

63 지도:

64 간판:

65 합창:

66 심장:

67 지구본:

68 소독약:

69 바둑:

70 갯벌:

71 할부:

72 여권:

73 예방접종:

74 꿈:

75 노크:

76 국경:

77 회의 · 토론:

78 비료 · 거름:

79 공휴일:

80 거짓말:

81 비밀:

82 습관:

83 잔소리:

84 고민:

85 대출:

86 무역:

87 소원:

88 칭찬:

89 가격:

90 봉사:

91 전쟁:

92 질투:

93 추억:

94 취미:

95 다짐:

96 시치미:

97 실수:

98 소문:

99 계획:

100 경험:

낱말 정의하기 [참고]

p. 287

❶ 수건

얼굴이나 몸의 물기를 닦을 때 쓰는 천

❷ 옷걸이

옷을 걸어 둘 때 쓰는 것

❸ 칼

과일이나 종이 등 무언가를 자를 때 쓰는 것

❹ 비누

거품을 내어 손이나 몸을 씻을 때 쓰는 것

❺ 가방

짐이나 소지품을 넣어 들거나 메는 것

❻ 주전자

물을 끓일 때 쓰는 것

❼ 면도기

수염이나 털을 깎을 때 쓰는 것

❽ 연필

글씨를 쓸 때 쓰는 것

❾ 지갑

돈이나 카드, 동전 등을 넣어서 가지고 다니는 것

❿ 포크

과일이나 음식을 찍어먹을 때 쓰는 것

p. 288

⓫ 주걱

밥을 풀 때 쓰는 것

⓬ 내복

날씨가 추워졌을 때 겉옷 안에 껴입는 옷

⑬ 모기

주로 여름에 많으며, 사람이나 동물의 피를 빨아먹는 벌레

⑭ 빗자루

바닥의 먼지나 쓰레기를 쓸어 모을 때 쓰는 것

⑮ 바늘

끝이 뾰족하고, 바느질을 할 때 실을 끼워서 쓰는 것

⑯ 달력

월, 일, 요일과 공휴일 등 날짜를 적어 놓은 것

⑰ 리모컨

전자제품을 무선으로 작동시키기 위해 쓰는 것

⑱ 허리띠

바지가 흘러내리지 않도록 허리에 두르는 것

⑲ 단추

옷 사이가 벌어지지 않도록 구멍에 끼우는 것

⑳ 앞치마

음식물이 튀지 않도록 몸 앞에 두르는 것

p. 289

㉑ 감기

주로 열, 기침, 콧물 등의 증상이 나는 병

㉒ 계단

걸어서 층을 이동할 수 있는 것

㉓ 횡단보도

보행자가 도로를 가로질러 걸어갈 수 있는 구역

㉔ 보조개

볼에 움푹 들어가는 것

㉕ 공항

비행기를 타기 위해 가는 곳, 비행기가 이륙·착륙하는 곳

26 장마

주로 여름에 며칠 동안 많은 비가 내리는 현상

27 편의점

24시간 생활용품과 식품 등을 살 수 있는 가게

28 책갈피

읽던 곳을 표시하기 위해 책장과 책장 사이에 끼어두는 것

29 미술관

여러 미술 작품을 관람할 수 있는 곳

30 엘리베이터

버튼을 누르면 건물의 각 층으로 이동시켜주는 것

p. 290

31 돋보기

작은 것을 크게 보이도록 확대해 주는 안경

32 면봉

끝에 솜이 달려있으며, 보통 코나 귀 속을 팔 때 쓰는 것

33 보일러

실내의 방바닥을 따뜻하게 해주는 장치

34 기상청

날씨를 관측하거나 예측하여 알려주는 기관

35 초인종

실내에 사람이 있는지 확인하기 위해 누르는 종

36 발자국

발로 밟고 난 후 남는 자국

37 가뭄

비가 오랫동안 내리지 않아서 땅이 메마른 현상

38 박수

손바닥을 맞대면서 소리를 내는 행동

39 화분

꽃이나 나무 등 식물을 심고 키우는 그릇

40 영양제

영양을 보충하기 위해 먹는 약

p. 291

41 조미료

음식의 간이나 맛을 내기 위해 넣는 것

42 추석

우리나라의 큰 명절로, 송편을 먹고 차례를 지내는 날

43 향수

좋은 향기가 몸에서 나도록 뿌리는 액체

44 해돋이

해가 막 솟아오르는 현상

45 설날

우리나라의 큰 명절로, 세배를 하고 제사를 지내는 날

46 악수

서로 손을 마주 잡고 하는 인사법

47 그저께

어제의 어제 또는 이틀 전

48 일몰

해가 지는 현상

49 살충제

해로운 벌레를 없애기 위해 사용하는 약

50 영수증

구매 품목과 가격 등 거래 내역을 증명하는 종이

p. 292

51 고속도로

지역 간 빠르게 이동할 수 있도록 난 도로

52 방충망

벌레가 실내로 들어오지 못하도록 창문에 설치하는 촘촘한 망

53 소화기

화재를 진압할 때 사용하는 도구

54 바퀴

무언가가 굴러가도록 달린 둥그런 것

55 등대

뱃길을 알려주기 위해 바다에 빛을 비추는 시설

56 환풍기

실내의 공기를 순환해주는 장치

57 안전모

공사장에서 머리를 보호하기 위해 쓰는 모자

58 땀

덥거나 열이 날 때 몸에서 나오는 액체

59 간식

식사와 식사 사이에 간단히 먹는 것

60 육교

도로 위를 가로질러 건너갈 수 있도록 공중에 설치된 다리

p. 293

61 마네킹

광고하기 위해 옷을 입혀 놓는 사람 모형

62 휠체어

바퀴가 달린 의자로, 거동이 불편할 때 이동하기 위해 쓰는 것

63 지도

건물이나 지형 등의 위치나 방향을 그려놓은 그림

64 간판

상점의 이름이나 업종이 눈에 잘 띄도록 붙이는 표지판

65 합창

여러 사람들이 함께 노래를 부르는 행동

66 심장

왼쪽 가슴에 있으며, 몸에 혈액을 공급해주는 신체기관

67 지구본

지구의 모양을 본떠서 만든 것으로, 세계 국가의 위치를 볼 수 있는 것

68 소독약

세균을 죽이기 위해 사용하는 약

69 바둑

흰 돌과 흑 돌을 판 위에 번갈아 두어 승부를 가리는 놀이

70 갯벌

바닷가의 끈적끈적한 모래땅으로, 게나 조개 등의 생물이 사는 곳

p. 294

71 할부

돈을 여러 번 나누어서 내는 것

72 여권

해외에 갈 때 필요하며, 국적과 신분 등을 증명해주는 문서

73 예방접종

바이러스를 예방하기 위해 맞는 주사

74 꿈

잘 때 머릿속에서 일어나는 상상 속 이야기 또는 이루고자 하는 목표

75 노크

문을 두드려 인기척을 내는 행동

76 국경

나라와 나라 간의 경계

77 회의 · 토론

여러 사람이 서로의 의견을 나누는 행동

78 비료 · 거름

식물이 잘 자랄 수 있도록 토지에 뿌리는 영양분

79 공휴일

나라에서 모든 사람이 쉬도록 정한 날

80 거짓말

사실과 다른 얘기를 하는 것

p. 295

81 비밀

다른 사람에게 알리고 싶지 않은 사실

82 습관

지속적으로 반복하여 하는 행동

83 잔소리

다른 사람을 꾸짖거나 참견하는 말

84 고민

어떤 것에 대해 계속 걱정하며 생각하는 것

85 대출

돈이나 물건을 빌리는 일

86 무역

지역 간 물건을 사고파는 일

87 소원

무언가 간절히 원하는 것

88 칭찬

좋은 점이나 잘한 일 등을 높이 평가하고 격려하는 것

89 가격

물건의 가치를 돈으로 매긴 것

90 봉사

대가를 바라지 않고 도움을 주는 일

p. 296

91 전쟁

무기나 무력을 사용하여 서로 싸우는 일

92 질투

누군가 혹은 무언가를 시기하고 미워하는 마음

93 추억

과거에 있었던 일로, 그립거나 생각나는 일

94 취미

즐거움을 위해서 하는 일

95 다짐

무언가를 하겠다고 마음속으로 굳게 약속하는 것

96 시치미

알면서 모르는 척하거나 해놓고 안 한 척 하는 태도

97 실수

의도치 않게 잘못된 행동을 하는 것

98 소문

사람들의 입에 오르내리는 말

99 계획

앞으로 할 일에 대해 미리 준비하는 것

100 경험

직접 체험하면서 쌓이는 지식

5. 속담 완성 및 뜻풀이

속담의 앞부분을 듣고(보고) 뒷부분을 완성해 보세요. 그리고 속담의 속뜻을 말해 보세요.

예 발 없는 말이 천 리 간다.

➡ 뜻: 소문은 빨리 퍼진다.

보호자 TIP

보호자는 대상자에게 다음과 같은 도움을 줄 수 있어요.

1. 정답을 맞히지 못한다면, 속담의 뜻이나 속담이 쓰이는 상황을 예로 들어 설명해 보세요.

   예 발 없는 말이 ________

   보호자: 복권에 당첨되었는데 이미 동네 사람들이 다 알고 있는 상황에서 쓰는 말이에요. 그만큼 입에서 전달되는 소문은 빠르게 퍼진다는 뜻을 담고 있어요. 발 없는 말이?

   대상자: 천 리 간다.

2. 각 속담을 어떤 상황에서 쓸 수 있는지 구체적인 예시를 만들어 볼 수 있어요.

① 가는 날이 ________

뜻: ________

② 가는 말이 고와야 ________

뜻: ________

3 방귀 뀐 놈이

뜻:

4 고래 싸움에

뜻:

5 빈 수레가

뜻:

6 귀에 걸면 귀걸이

뜻:

7 뛰는 놈 위에

뜻:

8 까마귀 날자

뜻:

9 남의 잔치에 감 놓아라

뜻:

10 달면 삼키고

뜻:

11 서당 개 삼 년이면

뜻:

12 돌다리도

뜻:

13 등잔 밑이

뜻:

14 말 한마디에

뜻:

15 믿는 도끼에

뜻:

16 바늘 도둑이

뜻:

17 백지장도

뜻:

18 불난 집에

뜻:

19 사공이 많으면

뜻:

20 세 살 버릇

뜻:

21 소 잃고

뜻:

22 열 번 찍어

뜻:

23 윗물이 맑아야

뜻:

24 자라 보고 놀란 가슴

뜻:

25 작은 고추가

뜻:

26 천 리 길도

뜻:

27 콩 심은 데 콩 나고

뜻:

28 하늘이 무너져도

뜻:

29 하룻강아지

뜻:

30 한 귀로 듣고

뜻:

속담 완성 및 뜻풀이 [참고]

1. 가는 날이 장날이다.

어떤 일을 하려고 하는데 의도하지 않았던 일을 겪게 되었다.

2. 가는 말이 고와야 오는 말이 곱다.

내가 상대방에게 좋은 태도로 대해야 상대방도 나에게 좋은 태도로 대한다.

3. 방귀 뀐 놈이 성낸다.

잘못한 사람이 다른 엄한 사람에게 화풀이 한다.

4. 고래 싸움에 새우 등 터진다.

강한 사람들의 싸움으로 인해 이와 상관없는 약한 사람이 피해를 입는다.

5. 빈 수레가 요란하다.

잘 알지 못하거나 실속 없는 사람이 겉으로 더 떠들어댄다.

6. 귀에 걸면 귀걸이 코에 걸면 코걸이

정해진 것이 없다.

7. 뛰는 놈 위에 나는 놈 있다.

아무리 능력이 출중하다고 해도 더 잘난 사람이 있으므로 겸손해야 한다.

8. 까마귀 날자 배 떨어진다.

관련 없는 두 사건이 우연히 같이 일어나서 마치 연관된 것처럼 보인다.

9. 남의 잔치에 감 놓아라 배 놓아라 한다.

남의 일에 쓸데없이 신경 쓰며 간섭한다.

10. 달면 삼키고 쓰면 뱉는다.

자신에게 이로우면 택하고, 도움이 되지 않으면 거들떠보지 않는다.

⑪ 서당 개 삼년이면 풍월을 읊는다.

어떤 분야에 대한 지식이 없어도 오랜 시간 보고 익히게 되면 잘 알게 된다.

⑫ 돌다리도 두들겨 보고 건너라.

매사에 항상 조심하고 잘 살펴야 한다.

⑬ 등잔 밑이 어둡다.

무언가 가까이에 두고도 잘 알지 못한다.

⑭ 말 한마디에 천 냥 빚도 갚는다.

말 한마디에도 큰 힘이 있기 때문에 말을 어떻게 하느냐가 중요하다.

⑮ 믿는 도끼에 발등 찍힌다.

믿었던 것이나 믿었던 사람에게 배신을 당한다.

⑯ 바늘 도둑이 소 도둑 된다.

작은 잘못으로 시작했는데 갈수록 더 큰 잘못을 저지르게 된다. 처음부터 나쁜 습관을 들이지 말아야 한다.

⑰ 백지장도 맞들면 낫다.

쉬운 일이라도 혼자보다는 여럿이 힘을 모으면 더 수월하다.

⑱ 불난 집에 부채질 한다.

화난 사람을 더 화나게 만든다. 또는 도움이 필요한 사람에게 도움은커녕 더 곤란하게 만든다.

⑲ 사공이 많으면 배가 산으로 간다.

간섭하거나 의견을 내는 사람들이 많으면 일이 잘 풀리지 않는다.

⑳ 세 살 버릇 여든까지 간다.

습관이나 버릇은 잘 고쳐지지 않으므로 어릴 때 좋은 습관을 들여야 한다.

㉑ 소 잃고 외양간 고친다.

사건이 일어난 후에 수습하는 것은 이미 늦었으니 후회해도 소용없다.

㉒ 열 번 찍어 안 넘어가는 나무 없다.

어떤 일을 여러 번 시도하고 꾸준히 노력하면 이루어진다.

㉓ 윗물이 맑아야 아랫물도 맑다.

윗사람의 언행이 올바르면 아랫사람도 이를 본받는다.

㉔ 자라 보고 놀란 가슴 솥뚜껑 보고 놀란다.

어떤 사건이나 무언가에 크게 놀라거나 충격을 받은 경험이 있으면 다음에 비슷한 상황에서도 깜짝 놀란다.

㉕ 작은 고추가 맵다.

겉모습이 작거나 약해보여도 더 강한 능력이 있거나 실속이 있을 수 있다.

㉖ 천 리 길도 한 걸음부터

무슨 일이든 시작이 중요하다.

㉗ 콩 심은 데 콩 나고 팥 심은 데 팥 난다.

행동한 대로 결과가 돌아온다는 뜻으로, 원인에 따라 결과가 나타난다.

㉘ 하늘이 무너져도 솟아날 구멍이 있다.

큰 시련이나 어려움이 닥쳐도 해결 방안은 있다.

㉙ 하룻강아지 범 무서운 줄 모른다.

경험이나 지식이 얕은 사람이 세상 물정을 모르거나 철없이 행동한다.

㉚ 한 귀로 듣고 한 귀로 흘린다.

다른 사람이 하는 이야기를 대충 듣는다.

제10장

생각 말하기

1. 개인적 질문에 답하기
2. 상상하여 답하기
3. 순서 설명하기
4. 이야기 뒷부분 만들기

1. 개인적 질문에 답하기

질문에 가능한 한 구체적으로 답해 보세요.

1. 오늘 기분이 어떤가요?

2. 직업이 무엇인가요(또는 무슨 일을 하셨나요)?

3. 신발 사이즈는 무엇인가요?

4. 키는 몇 cm인가요?

5. 생년월일이 언제인가요?

6. 주민등록번호가 무엇인가요?

7 휴대폰 번호가 무엇인가요?

8 보호자 휴대폰 번호가 무엇인가요?

9 혈액형이 무엇인가요?

10 고향은 어디인가요?

11 취미는 무엇인가요?

12 좋아하는 음식(또는 반찬)은 무엇인가요?

13 좋아하는 과일은 무엇인가요?

⑭ 좋아하는 색깔은 무엇인가요?

⑮ 좋아하는 가수(또는 노래)는 누구인가요?

⑯ 좋아하는 계절은 언제인가요?

⑰ 지금 먹고 싶은 음식은 무엇인가요?

⑱ 가장 보고 싶은 사람은 누구인가요?

⑲ 가장 소중한 물건은 무엇인가요? 그 이유는?

⑳ 기억에 남는 드라마(또는 TV 프로그램, 영화)는 무엇인가요?

21 기억에 남는 여행지는 어디인가요? 그 이유는?

22 꼭 가보고 싶은 나라는 어디인가요? 그 이유는?

23 어떤 애완동물을 길러봤나요(또는 기르고 싶나요)?

24 산과 바다 중 더 선호하는 곳은 어디인가요? 그 이유는?

25 여가시간에는 무엇을 하면서 지내나요?

26 스트레스 해소 방법은 무엇인가요?

27 본인의 장점은 무엇인가요?

28 본인의 단점은 무엇인가요?

29 본인의 외모 중 어디가 가장 마음에 드나요?

30 어릴 적 꿈은 무엇이었나요?

31 당신의 습관은 무엇인가요?

32 새로운 것을 배운다면 무엇을 배우고 싶나요? 그 이유는?

33 당신을 행복하게 만드는 일은 무엇인가요?

34 당신을 화나게 만드는 일은 무엇인가요?

35 당신이 가장 의지하는 사람은 누구인가요?

36 존경하는 사람은 누구인가요? 그 이유는?

37 가족(또는 친구)에게 하고 싶은 말은 무엇인가요?

38 소원 세 가지는 무엇인가요?

39 좋은 친구란 무엇이라고 생각하나요?

40 좋은 부모란 무엇이라고 생각하나요?

41 행복은 무엇이라고 생각하나요?

42 인생에서 가장 기뻤던 때는 언제인가요?

43 인생에서 가장 힘들었던 때는 언제인가요?

44 인생에서 가장 중요한 것은 무엇이라고 생각하나요? 그 이유는?

45 미래의 계획은 무엇인가요?

2. 상상하여 답하기

질문에 가능한 한 구체적으로 답해 보세요.

1. 당신이 유명해진다면?

2. 당신이 대통령이라면?

3. 당신이 신이라면?

4. 복권에 당첨된다면?

5. 일주일 후 지구가 멸망한다면?

6. 사람이 영원히 살게 된다면?

7 과거로 돌아간다면 언제로 돌아가고 싶나요? 그 이유는?

8 다른 나라에서 태어난다면 어느 나라에서 태어나고 싶나요? 그 이유는?

9 직업을 선택할 수 있다면 무슨 일을 하고 싶나요? 그 이유는?

10 어디든지 갈 수 있다면 어디를 가고 싶나요? 그 이유는?

11 동물로 태어난다면 어떤 동물이 되고 싶나요? 그 이유는?

12 만약 화장실을 갔는데 휴지가 없다면 어떻게 할 건가요?

13 만약 책을 쓴다면 어떤 책을 쓰고 싶나요? 그 이유는?

14 회사의 대표라면 어떻게 회사를 경영하고 싶나요? 그 이유는?

15 만약 초능력이 생긴다면 어떤 능력을 갖고 싶나요? 그 이유는?

16 무인도에 간다면 꼭 챙겨야 할 물품 세 가지는 무엇인가요? 그 이유는?

17 법을 만들 수 있다면 어떤 법을 만들고 싶나요? 그 이유는?

18 미래에 대해 알 수 있다면 무엇을 알고 싶나요? 그 이유는?

19 과거를 바꿀 수 있다면 무엇을 바꾸고 싶나요? 그 이유는?

20 100년 후 지구는 어떻게 될까요? 그 이유는?

3. 순서 설명하기

주제에 대한 순서를 가능한 한 구체적으로 설명해 보세요.

예 샌드위치 만들기

1) 프라이팬에 버터를 바른다.

2) 빵 두 개를 굽는다.

3) 햄, 치즈, 야채를 적당한 크기로 자른다.

4) 빵 하나를 깔고 그 위에 재료를 올린다.

5) 빵을 덮는다.

6) 맛있게 먹는다.

보호자 TIP

보호자는 대상자에게 다음과 같은 도움을 줄 수 있어요.

1. 대상자가 어려워한다면, 적절한 질문을 통해 순서에 맞게 설명할 수 있도록 지도해 보세요.

   예 병원 진료받기

   대상자: 접수를 하고 음… 진료를 받아요.

   보호자: 접수를 하고 순서를 기다려요.

   대상자: 순서를 기다리고 진료를 받아요.

   보호자: 진료 받고 난 후에는 무엇을 하나요?

2. 머릿속으로 상황을 떠올릴 수 있도록 생각할 시간을 충분히 주세요.

3. 그래도 어려워한다면, 순서 설명하기 [참고] (pp. 332~334)를 보여 주세요. 그 후 [참고]를 보지 않고 다시 순서 설명하기 활동을 해 보세요.

1 병원 진료 받기

2 마트에서 장보기

3 식당에서 밥 먹기

4 은행 업무 보기

5 외출 준비하기

6 라면 끓이기

7 미용실 가기

8 김밥 만들기

9 빨래하기

10 지하철 이용하기

순서 설명하기 [참고]

1 병원 진료 받기

- 병원에 간다.
- 접수 데스크에서 증상을 간단히 설명하고 접수한다.
- 차례를 기다린다.
- 내 차례가 되면 진료실로 들어간다.
- 의사에게 증상을 자세히 설명한다.
- 진료가 끝나면 진료비를 수납한다.
- (필요 시) 처방전을 받는다.
- (필요 시) 약국에 가서 처방전을 내고 약을 받는다.

2 마트에서 장보기

- 필요한 물건을 생각해 두거나 메모한다.
- 장바구니를 챙긴다.
- 마트에 간다.
- 카트를 꺼낸다.
- 필요한 물건을 담는다.
- 계산대에 가서 계산을 한다.
- 영수증을 확인한다.
- 장바구니에 산 물건을 담는다.

3 식당에서 밥 먹기

- 식당에 간다.
- 메뉴판을 보고 음식을 고른다.
- 손을 들고 종업원을 부른다.
- 음식을 주문한다.
- 맛있게 먹는다.
- 다 먹으면 계산서를 들고 계산대에 간다.
- 카드 또는 현금으로 계산을 한다.

4 은행 업무 보기

- 번호표를 뽑는다.
- 차례를 기다린다.
- 내 번호가 뜨면 창구에 간다.
- 하고자 하는 용무를 말한다.
- (필요에 따라) 신분증, 통장, 현금 등을 제시한다.

- 일처리가 끝나길 기다린다.
- (필요에 따라) 통장 또는 문서를 확인한다.
- 소지품을 잘 챙겨서 나온다.

5 외출 준비하기

- 양치를 하고, 머리를 감고, 샤워를 한다.
- 로션을 바른다.
- 머리를 말린다.
- 옷을 갈아입는다.
- 가방, 휴대폰, 지갑 등 소지품을 챙긴다.
- 전기코드를 뽑고, 가스벨브를 잠근다.
- 신발을 신고 문단속을 하고 나간다.

6 라면 끓이기

- 냄비에 적정량의 물을 담는다.
- 가스레인지에 냄비를 올려 물을 끓인다.
- 물이 끓으면 스프와 면을 넣는다.
- (기호에 따라) 계란, 파, 치즈 등을 넣는다.
- 정해진 시간 동안 끓인다.
- 라면이 잘 익으면 김치와 함께 먹는다.

7 미용실 가기

- 미용실에 간다.
- 차례를 기다린다.
- 미용사에게 원하는 머리 스타일을 설명한다.
- 머리가 완성되길 기다린다.
- 손질이 끝나면 계산을 한다.

8 김밥 만들기

- 오이, 당근, 단무지, 계란, 햄 등을 가늘게 썬다.
- 밥에 참기름과 소금을 약간 넣고 섞는다.
- 김발에 김을 놓는다.
- 밥을 적당량 덜어 김 위에 고르게 펼친다.
- 준비해 둔 재료를 밥 위에 나란히 올린다.
- 안쪽부터 꼭꼭 누르며 동그랗게 만다.
- 먹기 좋은 크기로 썬다.

9 빨래하기

- 더러워진 옷을 모은다.
- 물이 빠지는 옷은 따로 빼둔다.
- 세탁기에 옷을 넣는다.
- 세제칸에 세제를 넣는다.
- (필요에 따라) 섬유유연제를 넣는다.
- 버튼을 눌러 세탁코스와 시간을 선택한다.
- 빨래가 다 되길 기다린다.
- 건조대에 널어서 말린다.
- 다 마른 옷을 걷어서 갠다.
- 옷장에 넣는다.

10 지하철 이용하기

- 지하철역에 간다.
- 타야하는 방향을 확인한다.
- 교통카드를 찍고 개찰구를 통해 들어간다.
- 가는 방향을 다시 한 번 확인한다.
- 열차가 오기를 기다린다.
- 열차가 도착하면 사람들이 내리고 난 후 탑승한다.
- 목적지에 가까워지면 내릴 준비를 한다.
- 목적지에 도착하면 내린다.
- 개찰구에서 카드를 찍고 나온다.
- 출구로 나간다.

4. 이야기 뒷부분 만들기

제시된 이야기를 듣고 내용이 이어지도록 뒷이야기를 만들어 보세요. 정답이 정해져 있는 것이 아니니 자유롭게 여러 가지 상황을 떠올려 이야기를 이어 나가 보세요.

예 '급한 일이 있으니 200만원 입금해줘. 빨리!'라고 아내에게 문자가 왔다. 놀라서 전화를 하니 받지 않는다.

→ 영문도 모른 채 입금을 하려다가 문득 보이스피싱 뉴스를 봤던 기억이 떠올랐다. 몇 분 후 아내에게 다시 연락을 해 보니, 아내 번호를 도용한 보이스피싱이 맞았다. 십년감수했다.

보호자 TIP

두 명 이상이 번갈아가면서 이야기를 덧붙여 나가는 활동을 할 수 있어요.

1. 점심시간에 은행 업무를 보러 회사에서 나왔다. 서둘러 은행에 갔는데 대기 인원이 너무 많다.

2 나와 남편은 배가 고파서 음식을 배달시키기로 했다. 나는 탕수육이 먹고 싶은데 남편은 피자가 먹고 싶다고 한다.

3 밖에서 사이렌 소리가 요란하게 울린다. 계속 소리가 나서 창문 밖을 내다보니 사람들이 모여 있다.

4 주말에 가족들과 캠핑을 가기로 하여 예약을 해 놓았다. 그런데 일기 예보를 보니 주말에 비가 내릴 것이라고 한다.

5 쇼핑몰에서 바지를 사서 집에 돌아왔다. 정리를 하면서 영수증을 확인해 보았는데 원래 가격보다 더 적은 금액으로 결제되어 있었다.

6 고향에 성묘를 가는 도중 휴게소에 들렀다. 급하게 화장실에 다녀왔는데 자동차가 어디에 있는지 못 찾겠다. 하필 차 안에 휴대폰을 두고 왔다.

7 약속 시간에 맞춰서 지하철을 탔다. 약속 장소까지 30분 정도 가야 한다. 가는 동안 깜빡 잠이 들었다.

8 어제 백화점에서 새로 산 코트를 오늘 입으려고 보니 얼룩이 묻어 있다. 백화점은 오늘 휴무일이다.

9 급히 컴퓨터를 사용해야 하는데 전원이 들어오지 않는다. 지금은 한밤중이다.

10 오랜만에 친구들과 만났다. 저녁을 먹으면서 이런저런 이야기를 하다 보니 시간이 훌쩍 지났다. 기분이 좋아서 한턱낸다고 하고 계산을 하려는데 지갑이 없다.

11 택배가 도착했다. 무엇을 샀는지 기억이 나지 않는다. 조심스럽게 상자를 열어 보았다.

12 집들이를 하기 위해 마트에서 여러 가지 재료를 사 왔다. 손님들이 오기로 한 시간이 다 되어 가는데 음식의 반도 만들지 못했다.

13 공항에 일찍 도착해서 간단히 식사를 했다. 시간이 되어 탑승 수속을 하려는데 여권이 없다. 챙기려고 책상 위에 놔두었던 것이 생각났다.

14 퇴근길 양화대교를 운전하며 가고 있는데 자동차가 갑자기 멈췄다. 시동을 다시 걸어 보아도 걸리지 않는다.

15 영화관에서 영화를 보는데 앞에 앉은 사람이 자꾸 휴대폰을 봐서 방해가 된다.

16 위층 집에는 한창 뛰어놀 나이의 어린 아이들이 산다. 낮에 한창 쿵쿵거리더니 저녁에 잠잠해 졌다. 잘 시간이 되어 침대에 누웠는데 다시 쿵쿵거리기 시작한다.

17 가족들과 동네에서 맛있기로 소문난 식당으로 외식을 하러 갔다. 손님이 많아서 한참을 기다린 후 자리를 잡고 주문을 했다. 드디어 음식이 나왔는데 반찬에 머리카락이 있다.

18 오래전부터 음식점을 운영해 오고 있다. 어느 날 허름한 행색의 부랑자가 와서 '한 끼도 못 먹어서 배가 고프니 밥 한 그릇만 달라'며 부탁을 한다.

19 출근을 하려고 지하철을 탔다. 피곤해서 눈을 감고 가려는데 옆에 앉은 두 사람이 큰 소리로 수다를 떤다.

20 한라산을 등반하기 위해 제주도에 갔다. 장비를 잘 갖추고 만발의 준비를 했다. 산의 중간 지점쯤 도착했을 때 발을 접질렸다.

저자 소개

오선정(Seonjeong Oh)

이화여자대학교 일반대학원 언어병리학 석사

이화여자대학교 신경언어장애연구실 연구원

언어재활사 1급

현 보건복지부 지정 재활병원 언어재활사

김운정(Woonjeong Kim)

이화여자대학교 일반대학원 언어병리학 석사

이화여자대학교 신경언어장애연구실 연구원

언어재활사 1급

현 보건복지부 지정 재활병원 언어재활사

뇌졸중 환자와 보호자를 위한
언어치료 워크북
-표현편-

Workbook for Aphasia:
Exercises for Expressive Language Functioning

2021년 6월 30일 1판 1쇄 발행
2022년 3월 10일 1판 2쇄 발행

지은이 • 오선정 · 김운정
펴낸이 • 김진환
펴낸곳 • (주) 학지사
04031 서울특별시 마포구 양화로 15길 20 마인드월드빌딩
대표전화 • 02)330-5114 팩스 • 02)324-2345
등록번호 • 제313-2006-000265호

홈페이지 • http://www.hakjisa.co.kr
페이스북 • https://www.facebook.com/hakjisabook

ISBN 978-89-997-2442-8 93370

정가 18,000원